带你走进法律与社会科学的世界!

The Researcher
in the Street

贺欣 —— 著

街头的研究者

法律与社会科学笔记

北京大学出版社
PEKING UNIVERSITY PRESS

献给母亲贺玉兰和父亲陶修信

这不是书：书算得了什么！
棺材和裹尸布算得了什么！
这是一个意志，这是一句诺言，
这是一次最后的桥梁破坏，
这是一阵海风，一次拔锚起航，
一阵齿轮的声响，一次掌舵的定向；
大炮轰隆怒吼，炮火冒着白烟，
大海、这庞然大物，发出笑声！

尼采：《愉快的知识》第二稿（钱春绮译）

享受写作（代序）

　　许多读者都知道，这本书的部分文章在微信公众号"文心雕樑"上推送过。微信公众号开张时，很多朋友大吃一惊："他疯了吗？这是他的风格?!"有朋友表示惋惜，说我也开始转入公共知识分子的角色——是不是准备退出江湖，在学术的道路上收摊了？也有人认为我注重名声，"太着急了，是不是中了'出名要趁早'的魔咒"？还有人说，你刚登上珠穆朗玛峰，有什么资格写这样的文字？好心的朋友认为这是浪费时间。对于以学术为业者，时间比黄金还宝贵，应当把时间放在更根本、更困难、最具挑战的研究上。写这样的小短文，岂不是浪费天生我才？

　　"谢谢!"我想对所有关心我的人说一声。我没有做"公知"的意思。一如既往，我是一个离群索居的人，也不享受大众化的名声。我更不想花太多的精力去学习"公知"的技艺——虽然我深信，"公知"的技艺，就像如何进入田野、打乒乓球或者英文演讲一样，是可以学得来的。

　　我想分享一次经历。2018 年末，吴贵亨和我合作的专著获得亚洲法律与社会协会的最佳著作奖，协会在年会上专门组织讨论这本书。会场安排在与会人员午餐会的大厅。讨论即将开始时，会场上满当当的。我坐在主席台上，兴奋之余还有点紧张：那么多人来关注这个环节！暗自庆幸来参会，否则岂不是失去同许多读者交流的机会？当会议进行了

5—10 分钟后，我发现情况不对：会场里的人开始逐渐离开，有人临走时还跟同伴握手告别，有的还随手捎上一瓶饮料；留在会场内的人，压低音量同座位边上的同伴交流，仿佛是我们的会议影响了他们！40 分钟后，只剩下 2 名听众，台上 2 位作者，台下 3 位评论人，形成台上台下 2 比 5 的格局！还好，这 2 名听众是认真听讨论的，因为她们都提了问题。第一位听众提问是这样开始的："虽然我没有读过这本书……"；第二位听众提问是这样结束的："这本书听起来真的很有趣，我一定会去找来读读……"

会后，主持人不停地跟我说："主办方不应该把这场讨论设在午餐会的大厅，以致大家产生误解。"对她的安慰，我答道："往往从上课中获益最多的，是上课的老师，而不是学生。今天，我们在这里探讨这本书的贡献和潜在的问题，我们自己就是最大的获益者。"我庆幸找到这样一个方式，从这场尴尬的对话中退出；但我很快想起王朔的话，"别把我当人看"。其实，人家没有那么在乎你。

如果只是为了虚荣，人注定是要失望的，因为虚荣的路上没有尽头。记得某位作家说过，如果获奖前你并不满足的话，获奖也不会使你满足。同理，如果在写公众号文章之前，你得不到满足的话，公众号也不会让你满足。如果时时盯着阅读量，看着它从 80 不断升到 500、2000、3000，然后慢下来、停下来，会让你疯掉。平静只在心中，上天给不了你。但如果你自身拥有平静，上天也无法从你身上夺去。真正能够让你满足的，是做自己觉得真正有意义的事。

我必须为写这本书辩护。我认为，将书中这些知识和方法传播给中文世界的读者，特别是有志于社会科学的年轻人，是一件重要和有意义的事情。在这个时代，微信公众号和这样一本小书，会让更多的读者受惠。

我希望以通俗易懂的形式告诉年轻朋友，学问不是让学者们皓首穷经但束之高阁的东西。它不仅是躺在图书馆里无人问津、布满灰尘的故纸（或者 PDF 文件），更是创造知识的过程。在旅行开始之前就需要知道，没有必要重新发明车轮。在这个领域，曾经有过那么多有意思的探索。别人已经做了什么样的工作？进展如何？接下来可以从什么地方入手？前人的经验带来什么启发？

我想说，学问不枯燥，不需要献身，更不需要"头悬梁，锥刺股"。"学海无涯苦作舟"是小时候打的预防针。苦，如果真的存在，只占很少的部分，关键在于有没有兴趣。学术中的问题，包括法律与社会科学中的问题，与我们的生活息息相关。做学问可以乐在其中；学术也不需要板起硬邦邦的面孔。这些有意思的故事，不一定符合大众口味。本质上它们是学问，依然阳春白雪、曲高和寡，但它们不是高不可攀。它们和常识有关，只是比常识稍进一步。

我希望传达这样的信息：年轻人不需要为了功利的目的来投奔学问，而可以为了兴趣，探索一种生活的可能性。如果你对所生活的社会不感兴趣，如果对周围人的生活不感兴趣，你完全不应该选择法律与社会科学、社会科学甚至学术的道路。但如果你已经在这条道路上了，你最好找到其中的乐趣。如果你还在门口犹豫，你最好问自己能不能享受到这种乐趣。它同打球、做饭、听音乐、看电影一样，是生活的一部分。

"学而时习之，不亦乐乎？"我对这句话的理解是：经常去练习新技艺，是快乐的事。中学课本说"习"的意思是经常复习，温故而知新，也有道理，但坦率地讲，单纯的重复没有给我带来太多的乐趣。然而，经常琢磨，并有所进步，其乐融融。"每天进步一点点"，是人生的一种境界。

看起来阳春白雪的学问、高不可攀的学术期刊，是有方法可循的，是可以一步步地到达终点的。一篇文章为什么会成为经典？它带给后人什么样的影响？为什么某项研究失败了？可以通过什么方法克服？虽然我远远没有登上珠穆朗玛峰，但并不意味着我不应该将经历分享出来。就算只是爬过香港岛海拔仅有 500 米的太平山，也有自己独特的感受和印象。开心的事情莫过于收到年轻人的短信或者电邮：谢谢你的文章，让我走上学术的道路；因为你的文章，我少走了些许弯路。

　　从根本上说，写这本书是我内心的需要。我想同读者说：写作是我学习的最好方式，是克服懒惰和懦弱的途径。如果我说，写一篇短文只需要一个上午，那是吹嘘。这种说法就像在谈论，某一次在股市有多少斩获；没说明的往往是，在很多情况下是亏损，而且是说不出口的亏损。除了一些很熟悉的题目，我很多时候没有思路，盯着电脑，脑子一片茫然。才思泉涌，下笔如有神，那不是我！很多时候，思路是一边写一边变得清晰的。有的文章经过无数次修改；有的需要大量的阅读；有些本以为已经想清楚了，到动笔的时候才发现一头雾水；有时想好的写法，下笔时才发现此路不通；有时反复去读文献，才发现自己真的读明白了，想明白了。初稿写完之后，有的经过无数次的修改，有的是关于文章的内容和结构，有的是反复斟酌标题，有的则是其他原因——你懂的……刚开始写公众号文章时，我更是忐忑：到底会写成什么样子？出不出得了街？同侪会不会笑话？需要去读多少书？查多少资料？一位老朋友还将我一军：一两篇不难，能不能坚持下去？写作的过程并不都是快乐，更多的是压力和焦虑，有时甚至是一场炼狱。

　　但总的说来，整个写作的过程是快乐的。它让脑子热起来，而且逼我去看自己熟悉的范围之外的东西。我不仅发现和体会到许多道理，也为下一步的研究铺好路。它让我不停地反省，什么已经做过，什么还没有人涉足？什么是新颖的，什么是陈腐的？什么是活蹦乱跳的，什么是行将就木的？成功者为什么成功？他们成功光环后面的经验和教训是什么？正如 Stephen King 所言，不停地读和写，是这个行当的头条戒律。① 回顾这段路程，充满心中的是满足和愉悦。我庆幸，"Just Do It"！司马迁是对的，心意"有所郁结"、挥之不去，是"述往事、思来者"的根本动因。这本小书不仅是我生活的记录，也使我的生活变得有意义。

E. L. Doctorow 说："写小说就像晚上开车一样。你能够看到的不过是车灯所及之处，但按照这样的方式，你会完成行程。"②Anne Lamott 补充道："你不需要知道你开向何方，也不需要看见你的目标，或者周围经过的一切。只需要看到你前面两三英尺的地方。这也许是关于写作或者人生的最好建议。"③呈现在读者面前的这本书，就是我在晚上"开车"时学到的东西。

在这段旅程中，我欠下了大量智识和世俗的债务。高晋康老师最早提出，要把在西南财经大学开设的"法律社会学讲座"的讲义结集出版。在得知我开办微信公众号后，他还专门发来有效传播的操作手册。北大出版社的毕苗苗编辑不厌其烦地以各种形式敦促我，并多次阐述这项工作的重要性。他和孙嘉阳编辑在出版的过程中更是认真地处理了许多琐碎的工作。蒋浩老师审阅时提出许多善意的修改意见。从撰写公众号文章到结集成书，冯煜清都做了许多幕后的工作。他读过几乎每一篇文章，并提出中肯而重要的修改意见，包括本书的结构，并且联系漫画作者，事无巨细，不辞辛劳。我的两位长期合作者苏阳和吴贵亨，时时刻刻在线，回答我的每个问题。本书的每一页都有他们的影响。许多文章不是我们共同经历的记录，就是我和他们对话的结果。刘思达为公众号写作提过建议，还推荐了一些有趣的文献。贺卫方老师真诚地提醒我要有

①　Stephen King, *On Writing*, New York：Scribner, 2000，p. 151.

②　Anne Lamott, *Bird by Bird*, New York：Anchor Books, 1994，p. 17.

③　Ibid.

超越前辈的勇气，但同时要注意文章的节奏。他给我推荐了这方面更好的作家，甚至还指出同行压力应当是同"侪"压力。在公众号开始发文的时候，田雷、袁方、侯猛、李广德、王雨磊都在他们影响广泛的微信公众号上进行过推介。王鹏、肖惠娜、冯晶、解鲁、张占珏、黄雷、何海波、蒙叶、叶杉姗、汪庆华都以不同的形式支持过公众号，并且提过有益的建议。肖惠娜为本书完成了所有的脚注。陈弘毅老师一直关心这些文章的出版，亲自联系了《明报》的编辑，并给予我许多鼓励。

本书的很多文章在香港《明报》和《南方周末》发表过，感谢 Helen Lai 和刘小磊编辑。《法律与社会科学的概念与命题》在《中国法律评论》2020 年第 1 期发表过；第一章《导言》在《学术月刊》2021 年第 3 期发表过，《代后记》原文为英文，在 Law & Society Review 2020 年第 4 期发表过；部分内容在吉林大学、浙江大学、上海交通大学、西南政法大学、中山大学的演讲上发表过。值得一提的是，本书中的插画是由 GaO. D 和吕晓琳辛勤制作完成，在此一并致谢。

没有家人的支持，本书不可能完成。陈立新女士读过许多文章的初稿，并提出有益的建议。刚上中学的乐天开始和我比赛写作。在新冠肺炎肆虐的当口，母亲和姐姐毅然承担了照顾生病的父亲的重任，给我腾出时间来工作。父亲多年来一直期待我出版一本中文书，他时刻关心我的微信公众号的文章，以我的发表为荣。他认真地阅读了我发表在报纸上的文字，即使他必须依赖放大镜才能看得见。因此，我将这本书献给他。

目　录

第一章　导言　001

什么是法律与社会科学？　003

聚焦于"是什么"　008

法律制度的概念　012

三类研究　016

第二章　视角转换　023

反向视角　027

比较中的鼠药　032

法律不过是信息　038

街头的研究者　042

第三章　范式突破　047

法治，不过是男性的需要　051

当法律意识遭遇女性　056

大众的法律意识　061

隔离与治疗　066

以眼还眼　073

程序 = 正义？　077

法律与秩序　081

"伤害"是客观的吗？　086

法律多元和"私了"　089

第四章　学科碰撞　95

司法如何讲政治？　99

来自语言学的冲击　106

话语中的权力　112

话语的交锋　115

盲从权威　119

第五章　边界开拓　121

斗鸡人看法律　125

当公路的尘灰弥漫时　131

纠纷的归责与转化　138

提出诉求　143

关系型叙述　147

文化还是制度？厌诉在日本　152

家庭暴力能帮受害人离婚吗？　162

第六章　治学之道　167

有趣的研究　171

在失望的田野上　175

没法教的技艺　181

八仙过海：如何进入田野？　187

负向沉迷——做什么都行，就是不能写作　192

做好选题的准备：买一送一的离婚判决　197

文献综述需要工蜂还是侦探？　201

顺藤摸瓜　206

理论"佐料"　209

柳暗花明　214

概念与命题　219

第七章　发表之术　233

不发表，等于零　237

战术上重视敌人　243

发球与选题　249

十年磨一剑——谈英文写作　254

往球门里踢——谈何时下笔　259

盘带还是传球？——谈行文的节奏　263

稿投何刊？　267

抓住项目评审人的瞳孔　272

缅怀梅丽老师（代后记）　276

第一章

导　言

什么是法律与社会科学？

　　什么是法律与社会科学？简而言之，法律与社会科学就是用社会科学的方法来研究法律制度和法律现象。它是 20 世纪 60 年代从美国兴起的一门学科。虽然它的理论源泉可以延伸到久远，但使用的概念和运用的技术基本上是当代的。即使将范围如此限制，它的边界也还不是很清楚。大体说来，它的核心内涵是运用社会科学的方法，从外部的视角来研究法律现象。这里的社会科学宽泛地包括人类学、语言学、心理学、经济学、政治学等。

　　从外部来研究法律制度，是基于这样一个前提：法律和法律制度不是一个自主而封闭的系统；相反，它必然受外界因素的影响。在生物世界中，由于基因的存在，许多动植物的生长过程是自主和封闭的。例如，驴和马在出生的时候长得很像，很难从外形上辨别；但当它们逐渐长大，小驴崽子自然会变成大毛驴，马驹也会变成高头大马。它们的成长、体型的变化、吃的饲料、生长的气候环境、圈养还是放养都不会影响这个结果。

　　法律和法律制度是不是这样一个自主而封闭的系统？所谓自主，就是不受社会生活中的权力和权威的影响。自主的法律行为,完全按自己的方式来定义,只受既定的法律规则的影响。在自主的法律制度下,法律决定的认受性也只来自法律本身,不受其他政治、社会、道德因素的影响。① 如果法律是自主的,那么具体运用法律时,就像数学和物理的推导过程一样,只受内在规律而不受其他因素的影响。

　　规范法学或者法教义学的研究就是从内部的视角来研究法律,即从法律的原则、规则、程序出发来研究如何立法,如何回答法律难题,什么是法律的正确答案。但是,犯罪的类型、立法的出台、法律的适用、执法的效果是不是自主而封闭的系统? 美国的法学教育史长期对此有所争论。19 世纪末期,哈佛大学法学院院长 Langdell 就认为法学与数学推理一致,只要把从案件中抽象出来的法律规则与事实相结合,通过三段论推理,就能得出确定的法律结论。显然,这是一种理想状态的法学研究。在今天的美国,除了极少数正统的法教义学者,很少有法学家还接受这种观点。

　　这种观点与基本的事实不符。以法律适用为例,法律面前人人平等、同案同判是现代法治的基本原则;但这些原则仅仅是一种理想,是努力的方向,完全得到实施是不可能的。普通百姓的孩子与"李刚"的儿子在犯案时的遭遇很可能不同。诉讼中强弱当事人的胜率肯定也不一样,必定因当事人的阶层、职业、身份、财富、关系而异。因此,几乎可以肯定地说,法律制度不可能是完全自主的,它不可能完全独立于它所"镶

---

① Richard Lempert & Joseph Sanders, *An Invitation to Law and Social Science*, Philadelphia: University of Pennsylvania Press, 1986, pp. 402-403.

嵌"的社会。法律制度不可能完全按自身的力量来运行,按照法律的标准来做决定,而政治力量、道德考虑、经济后果等法外因素丝毫不起作用。这种完全自主的法律制度也许是可欲的,但却是不可求的。[1]

但退一步讲,法律制度是不是部分自主的? 是不是有一些顽强的内在力量使它难以改变? 是不是有时会按自身的内部规则或者旋律来行进? 很多人会接受这种部分自主论。但真正的问题是,部分指多少? 它在多大程度上是自主的? 这个制度的哪些部分绝缘于外在的世界、自我生产和发展并按照机械的或者传统的规则来运行? 也许在某个时刻,法官可以说他就是按法律来判案,政府官员可以说他就是按规则来决定是否批准执照,完全不受外部因素的干扰。在一定程度上,这表明了这些决定的自主性。但是,我们无法知道他们是不是在说实话。而且,我们无法知道他们是否认为自己在说实话[2],也无从得知他们是否意识到自己其实正在受外在力量的影响。至少,当时当地的意识形态和法律结构肯定会对他们的决定产生影响。他们所受的教育、所处的阶层、同事、政治理念、宗教信仰都会在某种程度上产生影响。我们能否坦然地说,过去"严打"时期的政策对量刑没有影响? 审判委员会制度对案件没有影响?

从长期或者历史的角度来看,这种规则决定论更是站不住脚。从美国的历史来看,刑法中最重要和常见的故意杀人罪、强奸罪的界定都经历了深刻的变迁,受到社会、科技、文化、政治等因素的影响。在女权主义法学兴起之前,人们似乎没有意识到美国在很长的历史时期,强奸罪

---

[1] Stewart Macaulay, Lawrence Friedman & John Stookey (eds), *Law and Society: Readings on the Social Study of Law*, New York: Norton, 1995, pp. 6-7.

[2] *Ibid.*, p. 7.

的立法、侦查、取证、审判、执行整个过程都没有女性的参与。从中国改革开放后犯罪的类型来看，变化更是巨大，如 20 世纪 80 年代的投机倒把罪已经成为历史，流氓罪也换为别的罪名，内容也大大缩小，而又新出现毒品犯罪、侵犯著作权罪等新罪。

为什么会是这样？从根本上讲，法律制度要回应的不是抽象的问题，不是数学、物理或者化学难题，而是需要解决或者对付真实世界的问题。这些问题都是存在于特定社会中的，而不是抽象地存在于所有的社会及历史中。更为重要的是，面临这些问题的是活生生的人，人们生活在真实的世界中，相互间存在社会关系，法律制度本身的设计也不尽相同。此外，法律制度的运作还必然受到法律文化和偏好的影响。

因此，我们可以断言，法律制度的运作过程肯定要受到社会环境中诸多因素的影响，而法律制度同时也会影响社会的变迁。不妨将一项立法比喻为河流两岸上的一座桥梁，来揭示立法与社会变迁的关系。① 在两岸还没有桥梁的时候，两岸之间的交通是很不方便的，只能依赖于渡轮。而当有人提出要修桥的时候，就会出现很多问题。比如，筹措经费，设计桥梁的式样、宽度、承运能力，确定桥墩的选址，规划工期等等。各种利益集团和社会政治力量就会介入影响这些问题的解决。这与各种政治社会力量影响立法的形成过程十分相似。而一旦桥梁建成，它就会影响甚至改变人们的生活方式。比如，原来只能依赖渡轮过河的时候，人们必须按渡轮的时间表来生活。而有了桥梁以后，人们可以更自由地

---

① Lawrence Friedman, *American Law: An Introduction*, New York: Norton, 1998, pp. 293-294.

选择到对岸的时间,也可以选择使用汽车或者步行的方式通过。当然,也会出现新的问题。比如,过桥的费用会与渡轮的费用不同而可能引起争议。如果将桥梁比喻成立法,立法同样会对人们的生活方式产生重要的影响。

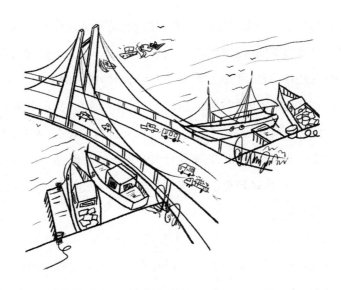

立法同桥梁一样会影响和改变人们的生活

聚焦于"是什么"

　　法律与社会力量之间互相影响和作用的关系是显而易见的。法律与社会科学致力于探讨它们相互之间的关系,并不满足于仅仅从书面上学习和研究法律,而是研究法律在社会生活中的真实的运作,增加经验的维度。这就是常讲的"书本的法律"与"运作的法律"之间的差别。如果说规范法学研究的问题是法律、公平、正义应当是什么,那么,法律与社会科学更关心法律、公正、正义是什么。用英语来说,是"ought to be"和"is"的差别:一个是理想,一个是现实。理想与现实的差别,是法律与社会科学的开始。

　　因此,法律与社会科学关心的不是正确的法律答案(法律应用),或者如何寻找正确答案(规范法学),以及为什么要去寻找法律的正确答案(法哲学),而是把法律作为一种社会现象来研究,理解它运作的特点和规律。"规范法学"与"法律与社会科学"的关系正如神学和宗教社会学的关系。① 宗教社会学不会想方设法推广信仰某种宗教,而是研究宗教类型及与社会生活的交互影响。规范法学鼓吹将法律作为信仰,并传

---

① Lawrence Friedman, "The Law and Society Movement", 38 *Stanford Law Review* 763 (1986).

授达致信仰之法；法律与社会科学研究为什么有人信仰法律，为什么有人不信，即法律意识、法律的合法性。法律与社会科学将圣经上的法学变成真实世界的法学。

　　一旦摒弃了对绝对真理的迷信和追求，而认为法律运行受到所处语境的制约，就自然地得出法律因法域不同而存在不同的类型。由于各个法域的文化、政治制度、历史传统、社会力量不同，其法律的运作自然也不同。法律的运作自然就属于地方性知识。这也是为什么有人将法律类比语言：法律移植虽然可能，但肯定相当困难并且需要很长时间，就像要改变某个地区的语言一样。因此，法律与社会科学源于文化相对论：所有的文化都是相对不同的，不同的文化体系中产生出不同的法律体系。这也就是为什么不同国家、不同法系之间的法律和制度差别那么大。

　　这样看来，法律与社会科学在很大程度上是测量经验的事实。想要测量得相对客观——绝对客观和价值中立是不存在的——必须借助社会科学的知识和方法。这是因为法律和法律现象本身并不是一个容易进行科学测量的对象。实际上，法律现象很难用科学的方法来研究。它本身就很难定义，而且无法排除其他因素的影响。[1]法律制度与其他社会制度的互相渗透是不可避免的，这些现象通常难以由触摸得到的尺码来测量，包括观念、态度、道德、个人的隐私、经济利益、政治追求等十分微妙而又互相交织在一起的东西。法律还涉及社会建构——甚至有人宣称所有的法律都是社会建构——法律的原材料已经被社会力量扭曲和转化成另一套东西。比如，纠纷如何由调解来解决？调解员（有时是

---

[1]　Lawrence Friedman, "The Law and Society Movement", 38 *Stanford Law Review* 763 (1986).

法官）、当事人、律师一起将纠纷转化成调解。在不同的时代背景下，这些人基于国家的意识形态、政治要求、个人利益对调解过程施加影响，甚至是操纵、引诱、强迫。这样一来调解就会不断变化，最终就不再是法律最初定义的样子。由于背景、历史、功能都不同，中国的调解也就肯定不同于外国的调解。

对这些现象的研究，仅靠传统教义法学的研究方法——主要是逻辑和解释的方法——显然不够。相比之下，社会科学中的经济学、社会学、语言学、人类学、地理学、政治学和心理学却为这些现象提供了大量的知识。就经济学而言，策略行为对人们在法律阴影之下交易的影响、信息经济学和博弈论对规管问题的研究、行为经济学对劳动关系的研究有重要价值。人类学中的法律多元、话语，地理学中的空间技术，语言学中的语言技术，政治学中的意识形态以及心理学中的合法性都给法学带来了前所未有的冲击和帮助。在方法上，法律与社会科学主要借助统计学、人类学的社会调查方法，以获得经验的事实数据。最近，实验的方法也被广泛地运用。各种学科之间的方法不完全一致，甚至每个学科都会有自己的独特之处——就像各地都有独特的俚语一样。但这些社会科学方法基本上都是尽可能从经验出发，去追求价值中立的客观真实。法律与社会科学本来就是一个开放的体系，它没有必要拒绝任何一种有助于增进理解法律制度运作的知识和方法。

显然，只有全知全能的上帝才有可能掌握完全的客观真实；对于研究者而言，偏见无处不在。成熟的研究者当然知道科学及其局限性，他们只是尽可能地去追求客观，防止偏见侵蚀的客观性。他们详尽交代研究方法，以便让读者理解和衡量偏见的强度。通过这些方法生产出来的知识肯定不是绝对可靠的。知识生产本身就是一个社会建构的过程，充满各种变异以及不确定性。但是，这并不意味着无法进行有价值的研究。诚实的研究和没有研究的空想是有巨大的差别的。从观察和经验数据出发的研究,显然不同于从特定的意识形态的政治理念得出的推导结论或者观点。这就是有没有"研究"的差别。

　　例如,去观察人们是否遵守交通规则。这里面可能会有不同的研究方式,但真实的观察显然与拍脑袋的推断不同。一个有益的判断就是研究者如何面对预期之外的结果。从这些观察出发而总结出来的理论,显然不同于从纯粹的思辨出发而得出的理论;前者是可以在不同的场合,用类似或者不同的数据加以验证的,而后者却不是,尽管后者也可能具有洞察和创见。

　　仅仅将法律与社会科学视为社会学的一个分支显然太过于狭窄。这种看法让人只想到用社会学的方法来分析和理解法律现象,或者只是将经典的社会学家(韦伯、马克思、涂尔干)的理论加以运用,而忽略了当代其他蓬勃生长的社会科学,这样一来好像社会科学在经典作家以后就没有发展一样。也有人将法律与社会科学称为法律新现实主义。以前法律现实主义也说要研究现实中的法律,但更多的是一个口号、一个方向,法律新现实主义才开始真正地重视经验事实。

法律制度的概念

　　法律的概念没有标准答案——不同法学流派对此争论不休。Austin 和 Hart 为此写过专著,后者将普通法中的法律定义成基础规则与程序规则的统一。[①] 很难想象化学或者物理学甚至心理学会为这个学科的基本概念不断争论,并且形成影响深远的著作。因受苏联法学的影响,我国的教科书中也将法律定义成具有社会主义特色的版本,从而为这些争论提供了一种意见。

　　但对于法律与社会科学而言,这种争论似乎没有必要,因为它可以容纳规则、秩序等这些相当宽泛的概念。比如,法律与社会科学中的法律多元,表明法律的颁布不由国家垄断。也正因为如此,法律与社会科学会关注:在原初简单社会中,有没有法律? 与规范法学不同,法律与社会科学不将研究对象局限于立法文本和上诉法院的判决,而是将社会的秩序甚至诉讼前期的纠纷纳入研究视野。

　　例如,为什么有的法律只在特定的时候实行、通过特定的方式实施?

[①] 　John Austin, *The Province of Jurisprudence Determined*, New York: Cambridge University Press, 1995; H. L. A. Hart, *The Concept of Law*, Oxford: Oxford University Press, 1961.

其中,不仅要注意法院是如何适用法律的,还要注意人们在法院之外是如何互动的;不仅要注意居于权力顶峰的国家和立法机关的行为,还要注意基层社会是如何应付这种来自上层的权力和法律的。这种区分大大地扩张了法学研究的范围,增加了法学涵盖的社会生活的复杂性,也进一步地贴近了真实世界的法律运作。

Lawrence Friedman 给法律制度下了一个描述性的定义,他认为法律制度可以由三部分组成:第一部分是法律结构,即法律具体运行的组织机构,如法院、检察院、警署、仲裁机构等。第二部分是法律实体,即由法律的机构处理的问题,如法院来处理的案件。第三部分是法律文化,即人们对法律及法律制度的看法和心态。这决定了人们什么时候去使用法律——将纠纷送交法院或者其他部门去处理。如果对法院和国家缺乏信心,人们就会将许多纠纷埋在心底,或者交由其他私人机构去处理。因此,文化是将法律系统连接在一起的价值和态度,决定了法律系统在整个社会中的地位。每个对法律制度的要求,背后都有具体的利益,以及将这种要求提交给法律制度的倾向。人们虽然有类似的需求或利益,但由于存在文化差别或法律制度结构的差别,可能会提出不同的要求。①

Friedman 用人们洗衣的过程来比喻法律制度的运作。法律结构就如洗衣机,人们需要这样的机器来完成衣服的清洗,而衣服本身就是法律的实体,要放在法律的结构中去处理。法律文化则是人们对洗衣的态度,他形象地将其比喻成洗衣机的按钮;只有愿意开动这部机器,它才会

---

① 〔美〕劳伦斯·弗里德曼:《法律制度——从社会科学角度观察》,李琼英、林欣译,中国政法大学出版社 2004 年版,第 261 页。

转动。这表明了法律文化在整个法律制度中的重要性。

诚然，与 Hart 给出的法律定义相比，Friedman 的定义显然是不够精确的。但对于法律与社会科学研究来说，这个相对模糊的定义就足够了；甚至可以说，这是它的长处，因为更精致但狭小的定义只会限缩了法律与社会科学研究的范围。Hart 或者 Dworkin 给出的法律定义是对普通法法官办案过程的总结，并且希望法官按照这样的方式去办案。这些研究肯定是有用的，特别是对于希望从事律师、检察官和法官工作的法科学生而言。但从法律与社会的关系出发，Friedman 的定义可以对法律与社会科学的研究予以指导，将法律现象同相关的社会现象联系起来。那么，人们是否了解整个法律机器的运作过程？开动机器的人又如何适用规则？不同的人、不同地区的人有什么样的不同偏好和信念？人们对这部机器是否有足够的信心？历史上的机器是如何运作的？为什么？

在这个定义下，法律与社会科学的研究不仅有了上述基本主题，还形成了基本的结构。比如法律是如何产生的？是如何执行的？法律机构是如何做决定的？社会是如何通过法律来完成社会控制的？法律如何渗入社会？法律与经济发展的关系如何？法律与政治的关系如何？法律行为与文化和结构的关系如何？纠纷经过什么阶段才进入诉讼？除了诉讼，纠纷还可通过什么方式解决？什么因素会影响这种转变？纠纷是如何解决的？宪法与行政法是如何发展的？在法律制度和决定过程中，法律人的角色如何？法律职业功能和作用如何？这些因素是如何影响纠纷的解决过程的？等等。

如果从内容上划分，法律与社会科学可以依据研究的对象进行细分,形成立法社会学、司法社会学、执法社会学、法律职业、法律意识、法律语言学、法律与发展、法律与政治等。这样一来,法律与社会科学将教义法学的研究范围扩充了无数倍,并将法学从平面的研究变成立体的研究,使得法学可以同其他学科对话。法律与社会科学其实提出了一套新的法理学。

法律制度如同洗衣机,需要人去启动

三类研究

如何进行法律与社会科学研究？这门学科入门不难，因为在生活中，许多问题都会同法律与社会科学有关。打开每天的报纸，总能在头版找到法律与社会科学的相关问题。可能是国际争端，或者是房产买卖，也许是规管市政或者证券市场。随意说出身边的十件事，总可以找到法律与社会科学的相关话题。

但由于本书着重于方法，所以会从研究的价值上，将它们大致上分成以下三类：

第一种类型的研究是要找到现实运作的法律与文本期待的法律的不同。所有的社会科学都是病理学，旨在指出现行制度的问题。[①] 半瓶水是满还是不满？研究者总是指出不满的事实，而不是相反。研究的目的就是要着眼于制度的问题和不足，因为这样才能提高对事物的理解。这在法律与社会科学的研究中更是不言而喻的。法律与社会科学的出发点，就是要探讨书本的法律与运作的法律的差别。如果所选的题目中，这种差别很小，就不一定是病理学了，而可能成为经验总结或者歌功颂德的主题。当发现了法律的规定与实施相去甚远时，就要追问为什么

---

① 李连江：《不发表 就出局》，中国政法大学出版社 2016 年版，第 60—61 页。

会有这种差别。当对这个问题找到翔实的材料并形成有见地的分析时，就是不错的研究。

第二种类型的研究比第一种更进一步，即不仅找到法律的期待效果与实际效果的差别，还找到了差别的规律。这种规律会对人们理解这一现象甚至是类似的现象有很大的帮助。一个很好的例子是 Feest 对人们是否遵守交通标志"Stop"的研究。① Feest 发现，影响最大的因素是司机是否一个人在车内：司机单独驾车的时候要比车内还有其他乘客的时候遵守交通规则的概率低很多。他的解释是，车内还有其他乘客时，这些乘客会对司机是否遵守交通规则形成心理压力。这一点很好理解，车内的乘客大多是司机的家庭成员或者亲朋好友，司机在这些人面前都会试图表现得遵纪守法。

显然这项研究就不仅找到了法律规定与法律实施效果的差别，还找到了差别的规律，并且认为同侪压力（peer pressure）会对人们是否遵守法律产生影响。一旦有了规律，就会追问是不是可以进一步予以一般化，这就是第三种类型的研究。

第三种类型的研究重点是一般化。从个案中提炼出来的规律能否广泛运用？这往往要看是否提出了概念和命题。以概念化为例，即提出新概念来概括其发现，并且这种概括得到了广泛的认同。古往今来，社会科学上最重大的发现几乎都是推出了前所未有的词汇。之所以需要新的词汇，是因为原来的词汇无法概括新的发现了，也就是证明了新发现的确存在而且会得到广泛的运用。在这一点上，法律与社会科学也不例外。古典时期，梅因、马克思、韦伯、涂尔干对法律类型的分类至今仍

---

① Johannes Feest, "Compliance with Legal Regulations-Observation of Stop Sign Behavior", 2 *Law & Society Review* 447(1967).

有相当的影响。当代著名的例子包括 Galanter 提出的重复当事人和单次当事人①，Conley 和 O'Barr 提出的规则导向和关系导向②，Braithwaite 提出的规管中管理者与被管理者之间的"以眼还眼"③等。另一种则是提出新的分类或者类型学。著名的例子如 Damaska 关于诉讼制度与国家政权关系的类型学④，Merry 对基层法官以及司法辅助人员三种话语的划分⑤，Felstiner，Abel 和 Sarat 提出的纠纷转型的三个阶段⑥，以及 Ewick 和 Silbey 对普通人法律意识的三种分类⑦。这些研究的鼻祖则是 Foucault 提出的话语和 Bourdieu 提出的惯习。⑧ 这些概念和分类都为认识相关的问题提供了新的视角和工具。如果说语言是思维的路径，后来的研究者一旦使用这些概念和命题，或者不得不与这些概念和命题对话，就无法摆脱它们的影响。

法律与社会科学的研究本质上是交叉学科的研究，这意味着它的影响力不仅仅限于法学。规范法学很难在法学之外有读者，但法律与社会

---

① Marc Galanter, "Why the 'Haves' Come Out Ahead: Speculations on the Limits of Legal Change", 9 *Law & Society Review* 95(1974).

② John Conley & William O'Barr, *Just Words: Law, Language and Power*, Chicago and London: The University of Chicago Press, 1998.

③ Ian Ayres & John Braithwaite, *Responsive Regulation: Transcending the Deregulation Debate*, Oxford: Oxford University Press, 1992.

④ Mirjan Damaska, *The Faces of Justice and State Authority: A Comparative Approach to the Legal Process*, New Haven: Yale University Press, 1986.

⑤ Sally Engle Merry, *Getting Justice and Getting Even: Legal Consciousness among Working-Class Americans*, Chicago: University of Chicago Press, 1990.

⑥ William Felstiner, Richard Abel & Austin Sarat, "The Emergence and Transformation of Disputes: Naming, Blaming, Claiming", 15 *Law & Society Review* 631 (1980).

⑦ Patricia Ewick & Susan S. Silbey, *The Common Place of Law: Stories from Everyday Life*, Chicago: University of Chicago Press, 1998.

⑧ Michel Foucault, *The Archaeology of Knowledge and the Discourse on Language*, London: Tavistock, 1972; Michael James Grenfell (ed.), *Pierre Bourdieu: Key Concepts*, London: Routledge, 2014.

科学的研究往往在法学之外产生很大的影响。这个领域的经典论文往往在相近的学科影响很大，要形成深远的影响，就要有理论化和普遍化的能力，要能够提出新颖的概念和命题。从经验上来看，法律与社会科学中引用量最高的文献，都是理论性的。

李连江教授将研究分成护路、开路和修桥三种。[①] 这一分类与上面所讲的三类研究异曲同工。只局限于个案，但做得扎实而有新意，本身可以是很好的研究。由于没有在规律上形成突破，这类研究只能算是护路和补路。能够找到规律，为后来的研究打开通道的，属于开路的研究，即路径突破式的。能够通过概念和命题发现一般化的规律，则属于修桥的类型，即卡住了某个领域研究的"咽喉"，成为后来研究的必经之路。这种研究在相当长的时间内，在新的范式出现之前，会对相关领域产生深远的影响。

法律与社会科学入门容易，但做好却不容易。这也正是因为它是交叉学科，需要两个或者更多学科的知识支撑。当然，更大的困难在于理论对话。窃以为，中国学者在专业杂志上发表文章有三大障碍：经验材料、英文写作和理论对话(framing)的能力。许多国内同侪已经成功克服了前两大障碍：利用生活在内地的优势，找到很好的经验材料，比如，从裁判文书网上下载数据，或者有某个地区、某个时段的数据，也有少数学者在田野中进行翔实的访谈；就英文写作而言，中国学者的水平已经有显著提高，经过一些语言编辑的帮助，达到了发表的水平。最大的困难是理论对话和突破的能力。面对一堆材料，如何形成一个在学术对话上有意义的问题？如何将已有的研究搭成一个舞台，使得将要讲的故事

---

① 李连江：《在学术界谋生存》，上海外国语大学国际关系与公共事务学院"纵横讲座系列"第三讲的讲座实录，https://www.sohu.com/a/141419486_632464，访问时间：2018年12月2日。

适合在这个舞台演出？唯一的办法还是需要仔细研读文献,形成理论思维能力,并加以创造性的思考。没有适当的训练和积累,这个困难似乎不好克服。

当然,这只是一个笼统的说法,这些困难其实是相互联系的。比如,如果对理论文献缺乏了解,很难说知道什么样的经验材料有价值。许多国内学者认为自己掌握了"大量"的经验材料,但一旦通过文献或者理论视角去筛选,就会发现许多材料是没用的,甚至最有价值的部分恰恰被过滤掉了。英文写作也是困难的,不像一些学者以为的那样,将中文翻译过去就行。用词精练、准确,表达流畅,文气贯通,需要长时间的积累。更为重要的是,第三个困难,即提出什么样的理论问题,更决定了写作时与什么学者对话,使用什么概念和技术。

也有学者纠结于定性研究与定量研究孰优孰劣的问题。我不认为这里面有高低之分。研究方法是由研究问题决定的,也可以反过来说,材料决定了问题。但基本点是,并不是量化的材料肯定会比定性的研究产出更好的成果。量化数据的质量很重要:覆盖的广度和深度、代表性、科学性、变量等会对研究形成限制。而我们的数据往往都有这样或者那样的问题。其实,定量和定性也不冲突,量化数据质量欠佳的研究往往无法给出有说服力的答案。这时如果有定性材料作为补充,是一个很好的解决方案。

本书介绍的研究更多是定性的研究。很多研究者从里面的故事抽象出有意思的理论命题,这是需要功夫的。如果说定量的研究更像是科学,只要经过一定的训练,按部就班地做,就能把研究做出来,成功的确定性比较高,那么,定性的研究更像是艺术,需要讲故事的能力和一些不容易言传的经验和感觉。在写作上,定量研究的套路容易模仿,定性研究因文因材料而异,缺乏定式,更难模仿。

　　本书在介绍这些经典的过程中，暗含的一个核心问题是，中国的法律与社会科学研究如何开展？显然，我们不能满足于只是介绍国外已有的研究，而是需要在理解西方理论的基础上创新。我们也更不应当只盯着中国内部的问题，对外界已有的理论和发现置若罔闻。有些人打着建立中国本土学术传统的旗号，摒弃源自国外的理论和方法。这是夜郎自大的做法，有什么理由不去借鉴前人的经验呢？

　　更为重要的是，只有在对比中国经验和西方理论的过程中，我们才能发现西方理论的不足。新的理论的创新，需要在已有理论的背景和对照下进行。在对已有理论和方法缺乏基本了解和训练的情况下，如何产生石破天惊的理论？

　　如果说任何研究都不可能横空出世，那唯一的路径就是必须站在巨人的肩膀之上，吃透西方已有的理论，了解它的长处和短处，什么地方值得借鉴，什么地方需要批评和讨论。读者会发现，这种运用是在学术传统中自然的延伸和突破。它不会是各种学科知识或者概念的大杂烩，不会是刘思达所批评的"随心所欲地逾越理论与方法的各路门派和各种研究进路，以'创新'或'交叉学科'为借口来掩盖知识结构和理论修养的空虚"。① 我们需要用中国的经验事实来与国外已经形成的理论对话。虽然中国的转型远比欧美的转型来得要晚，但它的广度、深度、速度和持续的时间在人类社会中却是史无前例的。其中，大量的悖论、现象都是极具特色的，不可能为已有的理论、模式、经验所涵盖。中国的发展由于在历史、文化、规模、体制上存在独特性，其经验事实又不同于西方传统，为此，有可能修正、挑战和发展根据西方经验形成的理论。

---

　　① 刘思达：《中国法律社会学的历史与反思》，载苏力主编：《法律和社会科学》第7卷，法律出版社2010年版，第36页。

第二章

视 角 转 换

大约七十年前,我的父亲参加高考,等赶到考场时,他已经迟到了。考题是速写一只公鸡的泥塑模型——他是艺术类的考生。幸运的是,监考老师还让他参加考试,不幸的是先到的考生已经占完了好的位置。所谓好的位置,不过是熟悉的侧面;给父亲剩下的位置,是最难画的正面。从这个角度,公鸡的嘴甲、眼睛、鸡冠、身形都与侧面形象不同。但也许正是因为处在这个不寻常的位置上,父亲把公鸡画得与众不同。因为迟到,他意外地考上了大学。

研究的根本目的是创新,创新的方法很多,但一个重要的方法是从不同的角度去看问题。爱因斯坦说,要以不同的方式去思考。站在不同的立足点,即使看同样的事物,也可能有新的发现。一只普通的杯子,从正面看,从侧面看,从上往下看,从下往上看,都会有不同的印象。用相机拍照,用铅笔素描,用毛笔画水彩画,用油彩制作油画,在不同光线或者背景下,都会呈现不同的效果。在伦勃朗之后,写实的路子基本上走到了尽头,这时带来革命的是梵高、毕加索和莫奈。

这种不同的视角,可以发生在理论层面,也可以发生在经验层面。在理论的层面上,Marc Galanter 从反向视角,创作了两篇影响深远的文章。① 从当事人而不是立法者的视角来考察司法制度,他发现完全公平的司法在制度上都是不可能的。Martin Shapiro 从政治学入手研究上诉,

---

① Marc Galanter, "Why the 'Haves' Come Out Ahead: Speculations on the Limits of Legal Change", 9 *Law & Society Review* 95-160 (1974); Marc Galanter, "The Radiating Effects of Courts", in Keith Boyum & Lynn Mather (eds.), *Empirical Theories about Courts*, New York: Longman, 1983, pp. 117-142.

开政治法理学的先河。① 而在经验层面上，研究者在街头研究司机是否遵守交通规则，让人津津乐道。小故事，大问题，比较的视角也常常出新。其实，什么地方都需要比较和甄别，就像篮球技术中的挡拆和足球技术中的撞墙式过人一样，最基本，最常用，也最有效。但站在哪个点比较，是需要功夫的。定量的方法可以很快排除无关的变量，但只在有数据时才能用。对于不适合用定量研究或者没有定量数据的研究题目，找到比较的支点，是成败的关键。

　　父亲是被动地在一个与众不同的角度作画；研究者应当做的，是有意识地、主动地转换视角。

---

① Martin Shapiro, "Appeal", 14 *Law & Society Review* 629 (1980).

反向视角

为什么荆门市保险公司抱团拒绝赔偿千万,投保人的家属也没有通过法律追偿?为什么文质彬彬的女士宁可在宝马的专门销售店"撒泼"也不诉诸法律?为什么许多医疗事故的当事人宁可"医闹"也不打官司?为什么工人在厂主卷款失踪时,宁可堵路也不上法庭?为什么往往是中国电信等"巨无霸"企业向用户索赔而不是相反的情况?

Marc Galanter 在 1974 年发表的《为什么有资源的一方胜出?》一文中为上述问题提供了启示。他把当事人分成两类,即单次当事人(One Shotter)和重复当事人(Repeat Player)。① 单次当事人指的是偶然卷入诉讼的人,而重复当事人则长期打某类官司。雇员、医疗事故和交通事故的受害人、行政案件中的原告大体上都是单次当事人,而雇主、保险公司、行政机关和财务公司往往是重复当事人。一旦有了这个分类,就可以比较两类当事人在诉讼中的优劣。Galanter 推测,重复当事人几乎在所有的方面都占优势,是诉讼中拥有资源的一方。

首先,重复当事人已经在诉讼中积累了很多经验;而单次当事人往

① Marc Galanter, "Why the 'Haves' Come Out Ahead: Speculations on the Limits of Legal Change", 9 *Law & Society Review* 95-160 (1974).

往是因为意外的原因卷入诉讼，对诉讼过程十分陌生。重复当事人因为常常要打某类官司，因而也早有准备，甚至准备了格式合同文本来保护自己的利益；而单次当事人往往毫无准备，出事后才匆匆忙忙地去看格式合同的条款。

其次，重复当事人因为常常要打官司，会形成专业知识上的优势，会有很好的渠道找到这个领域的最好专家。他们也知道法律中的某个部分对自己最为重要，会将这部分的相关法律进行彻底研究，甚至专门因此成立一个法律部门，形成专业上的优势。

最后，重复当事人可以在改变规则与现实结果之间策略性地进行选择。因为他要面对大量同类诉讼，在他认为胜诉机会不大的情况下，可以选择同对方和解，从而不会在普通法的先例上留下痕迹；而在他认为胜诉机会很大而立法对这个新问题还没有规定时，就会全力以赴争取胜诉。一旦胜诉，则战果不仅是这场官司本身，还是立法上的胜利。按照普通法遵循先例的原则，此后所有的类似案件都会照着有利于重复当事人的方式来办理。相反，单次当事人只打一次或者几次官司，当对方提出和解时，几乎没有策略性地进行选择的余地。单次当事人，顾名思义，必然对单次诉讼或者调解的结果更感兴趣。

在大多数情况下，重复当事人与机构重叠，诸如电信公司、人寿保险公司、各大医院、房地产开发商等都是重复当事人，而单次当事人往往与相对弱小的个人重叠。这也就是重复当事人为什么往往拥有很多资源，包括请到较好的律师、积累丰富的诉讼经验。

Galanter 的这个分类的重要性是显而易见的。按照他的分析，法院在分配正义这一方面存在天然的缺陷。即使假定法律、法院、法官绝对公平，诉讼结果仍然无可避免地会向社会中更有资源的一方倾斜。即使向单次当事人提供法律援助，也只能稍稍改善而无法从根本上改变这一状况。一言以蔽之,司法并不是一个公平的游戏。虽说司法是社会正义的最后一道防线,但滑稽的是,这道防线本身就是不公平的。

Galanter 只是推测,但却为经验性地检验他的推测提供了很好的框架。这个想法由于具有革命性,将这个框架变得可操作化是顺理成章的事情。在这篇文章发表之后,大量美国国内以及国际上的相关研究开始用经验数据去检验他的假说是否正确。按照 2003 年的一项统计,发表在主要期刊上的这类文章已经达到 184 篇。《法律与社会评论》还发表专号纪念这篇文章的发表,文集同时由斯坦福大学出版社出版。① 这篇文章成为当代法律与社会科学中最具影响力的论文。

为什么 Galanter 能够提出这样的分类?他成功的"钥匙"在哪里?他在文章的开篇写道:"法律制度的绝大多数研究都从规则一端开始,然后沿着制度设施,去看规则对当事人的影响。我想要倒转这个顺序——从望远镜的另一端观察,看看不同种类的当事人的差别,以及这种差别对制度运作的影响。"常规的看法是观察诉讼制度对当事人的影响;反向视角,则是从当事人这一端理解诉讼制度的运作。

反向视角是转换视角的一种方法,甚至是一种比较极端的方法。通常我们会从不同的视角来观察——法律与社会科学本身就是从法律的外部来研究法律;但将研究反过来看是要打破常规的。

Shapiro 有关上诉制度的研究也是反向视角的一项经典应用。② 绝大部分研究者都是从下往上研究上诉制度,即上诉制度拥有纠错、统一法律尺度或者宣泄败诉者怨气的功能。Shapiro 则是从上而下研究,发现上诉制度还有一项重要的政治功能:它增加民众对政权的整合和忠

---

① Hebert Kritzer & Susan Silbey (eds.), *In Litigation: Do the "Haves" Still Come Out A-head?* Stanford: Stanford University Press, 2003.

② Martin Shapiro, "Appeal", 14 *Law & Society Review* 629 (1980).

诚。事实上，上诉无法减少出错和任意性；相反，上诉充满了任意性：特赦就是任意的，与平常的规则完全背离；此外，很多上诉就是想得到主权者在法律之外的宽恕。这样看来，上诉不过是政治领导人获得民众支持的各种服务和恩惠之一。Shapiro 一反众多研究者们只是把上诉作为一项程序制度来研究的狭窄视野，将上诉置于政治的广袤天地。在他看来，上诉是否纠错，远远不及派糖而获得民众的好感和支持重要。他因此重新理解事实上诉还是法律上诉，全部重审还是只就上诉内容重审，审判风格和模式等内容。Shapiro 这一发现是不是有洞察力，想想我国为什么时至今日仍有大量的上访就知道。

　　我们的一项研究也不自觉地受反向视角的影响。① 绝大多数学者研究社会运动，都是从抗争者的角度理解他们如何组织，策略是什么，来自什么阶层，拥有什么资源。简言之，社会运动是如何搞起来的？我们研究政府如何重新整合机构、资源和宣传内容，改变法院受理案件、取证、判案、执行的方式。简言之，社会运动是如何被搞下去的？这样就提出一种与传统法院完全不同的图景：法院不一定是被动地坐堂判案，而是主动出击，将法庭开到大街上。

　　文章草成之际，我拿起儿子的望远镜，掉过头来看了看，景物变小变形。虽然没有重要的发现，但与常规的影像大不相同。问题在于，是不是真的存在客观真实或者一成不变的研究对象？通过正看望远镜是否得到的就是精确的图景？如果正看望远镜只是给出一个习以为常的影像，为什么不能尝试去理解反向视角提供的图景？尼采说：没有真相，只有诠释。我想说，没有法律，只有解读。屁股决定脑袋，有人甚至认为法

---

① Su Yang & Xin He, "Street as Courtroom: State Accommodation of Labor Protest in South China", 44 *Law & Society Review* 157（2010）.

律都是社会建构。遵循常规思维,即使有所发现,可能只是在前人已经开辟的道路上增砖添瓦,修桥补路。运用反向视角,虽然成功的机会极微,没准有路径突破式的发现。世之奇伟、非常之观,常在于险远,需要另辟蹊径。反向视角,需要大胆地突破常规,甚至是白痴似的痴迷或疯子似的疯劲。Galanter 当年完成雄文,居然几年都找不到期刊发表,可见路径突破的研究和已有研究是多么格格不入。但做学术研究,这也许是开天辟地的一步。

　　疯子和先知,往往是同一类人。

比较中的鼠药

　　由南向北的卡萨伊河,在刚刚流入刚果之处,东岸住着乐乐部落(以下简称乐乐),西岸是布松部落(以下简称布松)。两族同源,共享一种语言,房屋、衣着、手工艺品的风格也类似,船只可以很快通达两岸。但两个部落之间的经济发展差异却很大:乐乐穷,布松富;不管乐乐能做什么,布松都做得更好。乐乐生产的东西主要用于自给,而布松的产品主要用于交换;技术差别也明显,乐乐不像对岸一样用网打鱼,即便这些渔网可以大大地提高产量,乐乐基本上不会在长期设备上进行时间和劳力的投资。在农业上,布松产品多样,栽种期密。在法律和秩序上,乐乐族内散布着像城堡一样的村庄,各自为政,互相之间冲突频繁,即使在各村之间穿行,或者在森林里找食物都经常被攻击或者绑架;而布松却基本上没有这样的事情发生。

　　是什么原因导致两地经济发展存在差异？显然不是种族、文化和地理环境,也不是无知——乐乐人知道对岸使用的所有工具,他们甚至更喜欢买枪。至于真正的原因,研究者发现,是 17 世纪的时候,布松这边出现了一个政治强人,他让所有人臣服,建立了一个王国和金字塔式的政治制度,开始征税,并由警察执行法律。其后,政治领袖受到元老院牵制,要咨询元老院后再做决定;布松甚至在欧洲人到来之前就实行陪审团裁判。有了中央集权的国家、法律与秩序之后,技术用于经济发展,政治革命引发经济革命。而对岸的乐乐,由于缺乏这样的政治强人和政治制度,几百年来还是老样子。①

这是法律与发展中一项经典研究,对于知识的贡献不必赘言。但本文更想强调的是它的方法:两相对比(A Tale of Two……)。窃以为,这是最有效的社会科学研究方法之一。科学研究的根本是去寻找因果关系。自然科学研究的做法是在实验室里控制无关的变量,专门针对一些变量来检测。但社会科学研究不同,很多题目不便在实验室做;而在真实的社会里,外在因素的干扰太多。因此,需要引入不同的研究方法,常见的有个案观察法。也许是由于受到费孝通先生的影响,个案的方法在我国社会科学界影响甚大,在人类学中用得尤其多。研究者通常需要进行田野调查,通常一做就是几年,所以攻读人类学专业的博士八九年才毕业是家常便饭。从个案中找到因果关系,靠的是深描,是对细节的刻画。另一个方法是比较,是将两个其他因素大致相同的实体进行对比,找到引起差别的影响因素。相比单一的个案研究,比较的方法的工作量有所增加,但说服力也大大增加了。这恰恰就是上述研究所重点关注的:地理环境、气候、文化、语言、种族都一样的两个部落,政治和法律制度的差别是经济发展存在差异的主因。

道理很简单,如果想证明一针毒药打到一只白鼠身上会致命,可以找一只白鼠来实验。这时就需要描述这一针打下去白鼠前后变化的对比情况——它之前活蹦乱跳,打了针之后,开始抽搐、眼睛翻白、呼吸急促、浑身颤抖等。这些细节的描述基本上证明了这一针的作用。但如果

---

① James Robinson & Daron Acemoglu, *Why Nations Fail: The Origins of Power*, *Prosperity and Poverty*, London: Profile, 2012, pp. 133-136.

找的是两只同样活蹦乱跳的白鼠，一只打了针，一只没打针，结果打了针的白鼠死了，没打针的依旧活蹦乱跳，那么，最终的结论不证自明。两相对比，虽然多用一只老鼠增加了些许成本，但用两只老鼠来证明的负担却大大减轻。

这就是为什么法律与社会科学中会有那么多两相对比的研究。有关法律的起源，Richard Schwatz 研究以色列复国早期的两个小聚居区。① 两者各方面都相似，都没有法律，但后来其中一个小聚居区经济发展得更快，社会分工增加，人际关系更复杂。当原来处理纠纷的道德规范逐渐不起作用，正式的法律和纠纷处理机制就出现了。他得出一个很简单但又很重要的道理：当道德规范不足以解决纠纷时，法律就会出场。同时有关法律的起源，恩格斯讲得要复杂得多，家庭、私有制、国家……但两相对比，清晰明了，言简意赅。Blankenburg 为了证明制度重于文化解释②，找的是德国与荷兰边界上的两个地区，语言、文化、人种完全相同，而在律师的使用上大相径庭。原因很简单，两个地区对律师费用的征收方式不一样。为了理解新的医疗法律如何才能得到执行，Kellogg 找了美国两个社区健康中心对比③，他发现已经成型的职业人士——不管是医生还是律师——对于要改变他们的职业习惯来迁就与他们的职业专长无关或者可能会威胁到他们职业既得利益的新法执行，都是抵制的。影响新法执行成功与否的因素是其中一个社区存在社区

---

① Richard Schwartz, "Social Factors in the Development of Legal Control: A Case Study of Two Israeli Settlements", 63 *Yale Law Journal* 471 (1953).

② Erhard Blankenburg, "The Infrastructure for Avoiding Civil Litigation: Comparing Cultures of Legal Behavior in the Netherlands and West Germany", *Law & Society Review*, Vol. 28, No. 4 (1994), pp. 789-808.

③ Katherine Kellogg, "Brokerage Professions and Implementing Reform in an Age of Experts", 79 *American Sociological Review* 912 (2014).

卫生员这个比律师和医生地位都低的职业。他们成为在两个成型职业中的经纪,运用缓冲的技艺而不仅仅是承担传声筒的角色来完成任务。Kellogg 写道:他们管理而不是转移信息,匹配而不是翻译含义,维护而不是转变利益。由于他们在当中主动协调,填补了两个"高大上"的职业之间的空档,使得新法得以实施。在两个医疗社区中,同样的法律针对的是同样的职业群体,同样的管理层在推动,但一个成功,另一个失败,差别只在于是否存在社区卫生员。这项质性研究成果于 2014 年发表在以定量研究为主的顶级期刊《美国社会学评论》上。

细心的读者会看出,这些成功的两相对比有两个特点:第一,相比较的两个事物具有足够的相似性。不管是卡萨伊河口的两个部落,美国的两个社区健康中心,还是以色列的两个聚居区,都足够相似。当然,两只白鼠更是相似,但那是自然科学的选题。如果比较的是苹果和梨,效果就不一定那么好。当然,苹果和梨的比较还是比苹果和凳子的比较更有效。这是因为相似物之间比较,可以控制的因素增加,而不同的因素所起的作用容易凸显。也许大致可以这样说:两者越相似,成功的可能性越大。法学曾经被批评为幼稚的学科,其中一个可能的原因就是当时占法学重要一席的比较法学不得要领。两个国家的政治、历史、民情、法律制度都不同,只盯着法条的相似性来比较,等于将法条剥离于其赖以生存的制度环境,显然缺乏说服力。换言之,本来法制是一个立体物,简单的比较法学只是对比两个立体物的表面,但整体却被忽略了。第二,两相对比必须要找到能够解释两者差别的关键点。白鼠实验中的致命药太明显了,因而容易让人忽略关键差异。可是,对比的目的就是要找到这样的致命药。刚果卡萨伊河口两个部落的经济发展差异是由政治、法律制度决定的,德国与荷兰的法律职业人员数量是由制度决定的,社区健康中心新法的执行成功与否是由是否存在社区卫生员决定的。

　　纸上得来终觉浅，事非经过不知难。这一点看似简单不过，却让我吃尽苦头。21世纪初期，我依样画葫芦，找了两家法院开展比较研究，一家在沿海地区，一家在内陆地区，想做一篇两院记。① 当时英语世界对我国法院的研究基本上是刚刚开始，而我对法院的了解十分懵懂。我开始从英文文献入手，发现各种法院的案件数量变化差别很大，而且与当地的经济社会发展有关，于是花了大量的时间去收集和分析各类型案件的数量差别。案件数量的差别的确存在，但问题是什么因素决定案件数量的变化？研究越深入，发现影响的因素就越多。法律的变化、经济的发展、法律意识的增强、法院的行动更有效率、诉讼费的变化等都有影响，千头万绪。要命的是没有一个决定性的因素。文章勉强写成，投稿后评审人虽然同情我收集经验材料的努力，但也不可能因此降低标准，甚至有一位挚友断言这篇文章完全不能这么做！千磨万难之后，才隐隐发现财政上的差别也许是关键。内陆地区的法院财政预算不足，于是过分依赖当地政府，还要向当事人征收超额的诉讼费，开展执行工作还要申请人提供车辆、油费和差旅费。为了填补预算不足，法院还主动去找案源，以至于许多案件收案容易，结案困难。由于财政预算不足，法院设施和人员素质都跟不上，结果当事人怨声载道，所有司法改革的措施都大打折扣。而沿海地区的法院预算充裕，不多收一分诉讼费，不仅不会自己去找案源，反而想办法推掉难办的案件，更不会向执行申请人要差旅费等。司法改革的措施当然也落实得有模有样。于是，文章原来的写法基本上推倒重来。至于该文是否最终面世并引起学界注意，那是后话。其中艰辛，不足道也。

---

　　① Xin He, "Court Finance and Court Responses to Judicial Reforms: A Tale of Two Chinese Courts", 31 *Law & Policy* 463 (2009).

　　也许有人会问，为什么只是两相比较，而不是更多？三者比较也有，但数量明显下降，四者比较则只是个别现象。原因是从单个个案到两个个案，数量只增加一个，但边际效应的增加却很大。但加到三个比较对象以后，边际效应下降。再往上加，还不如用定量统计的方法来做研究，定性描述的方法已经没有优势。因此，除非现实中的确存在三个相映成趣的个案，两相对比应当是首选。

　　概言之，所有的研究都是在比较。研究中国法制，需要不断与其他法域的法制比较。就是给一只老鼠打针，也需要对打针前后的变化进行比较。时至今日，以深描为主的人类学也开始流行比较的方法；做法是考察由世界某个中心的理念传播到不同地区后的实践的差别，是什么力量塑造了这种差别，而不是死盯着一个地方。两相对比显然是常见和有效的，但也要小心上文所说的陷阱——你找到了老鼠药没有？

法律不过是信息

　　当代法理学是从 John Austin 开始的,他定义法律为"主权者的命令"。① 只要是主权者给出的命令,在主权所及的范围内就是铁律。这个定义的贡献在于摆脱了中世纪以来"法自神出"的成见,将法律"拉回人间"。法律也是人定的,自然就可以有善法或者恶法,也就需要面临挑战和修改。然而,从法律与社会科学的角度看,这个定义的一个重要缺陷是它不关心法律的执行。它似乎假定,主权者给出的命令肯定会被执行,因为有主权者的强制力作为后盾。甚至可以说,法律自然穿透主权者的辖区。然而,实际的情况是主权者的能力并不是无限的,国家和政府的力量在某些地区、某些时间、某些场合可能很薄弱,也可能因为投鼠忌器或者鞭长莫及等原因而主动放弃执行法律。

　　法律与社会科学的奠基人 Marc Galanter 给出了法律的另外一个定义:法律不过是信息而已。传统的规范法学研究只是关注法院裁决是什么,应当如何理解,以及在类似案件中如何应用。这种传统的方法或多

---

　　① John Austin, *The Province of Jurisprudence Determined*, New York: Cambridge University Press, 1995.

或少带着 Austin 的影子,差别只是法律人需要明白什么是正确的理解,从而加以任用。Galanter 通过法院的决定来说明这个概念的要义。他在《法院的辐射效果》①一文中指出,法律(在此特指法院的决定)并不必然得到社会的认同和执行,法院作为辐射的中心,其裁决不过是会产生辐射效果的信息而已。受到辐射效果的社会并不是真空状态或者处女地,而是已经存在着不平衡的社会观念、秩序和结构的焦土。社会已经被多元的法律观念和秩序所占据,而法院的决定只不过是在重新塑造社会上原有秩序中的规管方式和权利关系。需要注意的是,Galanter 在这里用了"塑造"而不是"厘定"来表达辐射效果影响社会的方式。这是因为社会上已经存在对权利和义务的看法,法院的决定没有办法重新界定这种权利。作为信息的法院裁决只是起到辐射效果,和原来对同一问题的看法混在一起发生作用,最多改变了在这种秩序下重新谈判或者和解的方式,当事人要么拒绝谈判,要么提出要求、改变规管的方式,要么抵制规管。简言之,这种信息不会直截了当地起作用。

这样看来,法律就不像 Austin 所言,是主权者的命令,甚至也不是对某种行为的限制或者引导,而不过是离散的信息。聆听者所处的位置和前见决定他们如何解读这些信息。具体而言,除非法院散布的信息能够被潜在的行动者接纳、理解和使用,否则无法直接赋予当事人权利或产生类似效果。因此,法律只是发出信号,其含义决定于纠纷当事人拥有的信息、技巧和资源。一言以蔽之,司法决定的含义不是由法院或者专家学者说了算,而是要看社会中的组织机构,如政府、医院、学校、企业等

---

① Marc Galanter, "The Radiating Effects of Courts", in Keith Boyum & Lynn Mather (eds.), *Empirical Theories about Courts*, New York: Longman, 1983, pp. 117-142.

如何理解和运用这些司法决定。法律和法院传达的信息是弥散的，它们只有置于当事人和决策人的主观印象、知识、前见、经验、技艺和资源的背景下才有意义。

Galanter 对法律的定义恰当地解释了为什么有些法律（甚至是美国联邦最高法院的决定）只带来"空泛的希望"？Gerald Rosenberg 的经典研究①表明，种族隔离但平等（separate but equal）的原则已经在 1954 年的布朗案中被认定为违宪，但几十年后，隔离依旧在包括南方各州在内的许多地区存在，原因是这些地区的组织和社会团体尚未接受这一决定。

由此可见，考虑法律能否执行就成了立法时的一个重要研究课题。新锐法学家李继教授认为，在明知司机都有超过限速 10 公里/小时的"共识"时，如果想要达到 100 公里/小时的实际限速，就需要将速度限定为 90 公里/小时。研究是否出台某项法律，就需要事先搞清楚社会民众对法律的认可度，更需要了解是否有足够的执行力：是否有足够的警力能够将违法者绳之以法？普通民众、社会组织甚至是法官是否会配合执法？如果没有这方面的能力，仓促出台法律只会带来相反的效果，进一步削弱法律以及政府的合法性。

当法律得不到执行时，政府常常归咎于反对势力的强大。但是，真正的问题可能出在政府身上：Galanter 提出的辐射效应揭示了现实存在的既有秩序和民间规则、观念，而政府可能过于理想化或者精英化地相信法律的力量。

---

① Gerald Rosenberg, *The Hollow Hope*: *Can Courts Bring About Social Change*? Chicago: University of Chicago Press, 2008.

　　Hart 说过,没有任何一个学科会像法学一样,对本学科最基本的概念争论不休。不同法学家往往对法律有自己的定义,而人们需要了解不同定义背后的意义。政府也许需要在了解 Austin 的法律定义时,也了解 Galanter 的定义。当明白法律只不过是信息时,人们不仅能够更好地聆听民意,而且能够执行法律。

为何"禁烟法"效果不彰?

街头的研究者

有法不依是挺普遍的现象。扪心自问，有几个人敢说从来没有违反过法律？驾车时从来没有超速？变更车道时从来没有不打转向灯？从来没有在黄灯转红灯之后的一刹那飞驰而过？没有从网上下载过未授权的音乐？我在数月前上课时向学生抛出这个问题时，他们似乎还半信半疑。毕竟，我所居住的城市，长期以来以有规有矩而自豪，向将以律师、法官为业的未来主人翁大讲不守法是常态，自然是去摸老虎的屁股。2019 年下半年，局势大变，恍如隔世，这个问题已经不言自明。

为什么人们遵守法律？或者为什么不遵守法律就成了法律与社会科学的重要课题？但这是一个庞大的领域，各行各业、不同时期、不同社会条件下的守法情况各不相同，关键是如何去研究。在法律与社会科学方兴未艾时，Feest 开展了一项有关人们是否遵守交通标志"Stop"（停）的研究。在地广人稀的美国，"Stop"很普遍，因为红绿灯反而没有效率。交通规则十分明确，即所有车辆在"Stop"标志下必须完全停下，在看清楚路口的车辆后，按到达路口的先后次序经过。但事实上，大多数司机都不完全遵守这个规则，很多只是进行所谓的"滑停"（rolling stop），即缓慢经过，其他的一些司机甚至轰然而过。那么，是什么因素决定了司机在没有警察的情况下，停还是不停？Feest 躲在柏克莱加州大学附近三个路口的灌木丛中，分别在白天和晚上进行观察，并对司机的人种、年龄、性别进行了区分。他兴奋地发现，影响最大的因素是司机是否一个人在车内：司机单独驾车时要比有其他乘客时更容易违反交通规则。他的解释是，车内的其他乘客会对司机是否遵守交通规则形成心理压力。这一点很好理解，私家车的乘客基本上不是陌生人，大多是司机的家庭成员或者亲朋好友，而司机在这些人面前都会试图表现得遵纪守法。

这是一项可爱而令人妒忌的研究：题目小、成本低、好操作、意义深远。它不需要庞大的研究经费，不需要请研究生做助理解码纷繁复杂的原始数据，不需要长期进村蹲点，不需要与喜欢或者不喜欢的人打交道；只需要花几天的时间，在办公室附近的路口进行观察和纪录。Feest 不仅找到法律预期效果与实际效果的差别，而且还找到了差别的规律——提出"同侪压力"（peer pressure）这个因素。这个发现在意料之外，解释却在情理之中。Feest 的文章本身没有将这个因素普遍化，但普遍化是题中应有之义：这个因素会对理解遵守交规与否甚至守法现象有很大的帮助。1968 年，Feest 的文章发表在法律与社会科学的顶尖期刊 *Law & Society Review* 后，这项研究激发了更多的类似研究。比如，Danick 在纽约街头"No Walk"（不许行人通行）的标志牌下观察后就发现：当一个人（其实是研究者安排的实验员）站在标志牌下，遵守规矩不过马路时，其他人也不会强行通过；而当实验员违反规定过马路时，其他人也会效仿。[①]

后来的研究更细致地界定什么是"同侪"，什么是"压力"。"压力"并不一定要直接面对面的存在。例如，如今很多酒店都努力想让客人多次使用毛巾和床单，以节约水和能源。当然，也是为了帮助酒店节约成

---

① Lionel I. Danick，"Influence of an Anonymous Stranger on a Routine Decision to Act or Not to Act: An Experiment in Conformity"，14 *Sociological Quarterly* 127（1973）.

本。问题是用什么方法可以让客人听从这样的建议。Goldstein 和她的合作者于 2008 年发表的一项研究进行了这样的比较①，方法之一是在酒店房间里贴上环境保护的一段话：请帮助保护环境。客人们被告知，如果多次使用毛巾，就体现了对大自然的尊敬。在另外一些房间，研究者们在上述信息之外加上另外一个因素，即请与其他客人一起来拯救环境。酒店告诉新入住的客人，差不多四分之三在本酒店住过的客人都参与了这个项目，希望新入住的客人也做出同样的努力。加上这个信息之后，许多客人都接受了邀请，效果明显提升。研究者更进一步将"其他客人"改成"普通市民"，淡化同一酒店的客人这个因素。在另外一些房间，又加入性别的因素，改成"男士"和"女士"，但结果表明，还是"其他客人"的信息最管用。新入住的客人好像还能感受到以前的客人幽灵般的存在，就好像他们还没有退房一样。在这项研究中，所谓的"同侪"根本就见不着，鬼知道已经离店的客人是谁？压力不是直接的，至少不是面对面的。人们似乎只是不希望成为异类，而是希望同别人一样。

我本人也经常利用这项研究。有一次在美国的大农村落了单，没有公共电话，需要找人借电话叫朋友来接我。我盯准了一对情侣，向他们借电话，他们很乐意提供帮助。理由很简单，热恋中的情侣都希望向对方展示自己最好的一面，此时同侪压力很大。同理，在深圳街头问路（在还没有手机地图的时代），找带小孩的父母问路，成功的机会要大得多。

有人提出，在国内，车内有其他乘客的时候，司机可能更容易违反交规。因为这时候的社会关系更复杂，更容易逃避交警的规管。我不知道

---

① Noah Goldstein, Robert Cialdini & Vladas Griskevicius, "A Room with a Viewpoint: Using Social Norms to Motivate Environmental Conservation in Hotels", 35 *Journal of Consumer Research* 472 (2008).

这个观点在事实上是否成立，如果真的成立，这不是一个很好的研究题目吗？它将揭示在中国的情境下，同侪压力如何被另外一个因素——关系——抵消。当然也可以模仿 Danick，改变一下情景进行实验，来测量不同的因素对守法行为的影响。事实上，同侪压力有时也会支持违法行为，即使只是间接的影响，如侯猛研究过乱穿马路（jaywalking）现象。① 事实上，这在全世界绝大多数地区都会发生。路边的人可能不乱穿马路，也可能反对这种行为，但绝大多数人对此是默许的。这些方式传达的信息是，乱穿马路不是什么了不起的事，每个人时不时都会这样做。如果有人在那里大声制止，表达不满，乱穿马路可能会减少，但事实上这种情况很少发生。看到别人乱穿马路没有受罚，就会让人觉得这项法律无人执行，因此乱穿马路是安全的。在这种情况下，还是不是同侪压力的作用，或者是执行的问题，可以商榷，主要取决于过马路的人的心态。

同侪压力可以很微妙，效果也可能相反；虽然同侪压力是个强有力的武器，但也会被操纵，因为人有从众的倾向。当他们被告知其他人都这样做时，很可能就跟随。在美国明尼苏达州，当局为了提高纳税率，明确告知所有的税款将用于公益和慈善，结果却不起作用；明确告知违例者将被严惩，还是不起作用；为纳税人提供帮助填报复杂得像迷宫般的税表，也不起作用。只有这么一句话起作用："超过 90% 的明州人已经完全按法律要求履行了纳税义务。"②

Feest 提出的同侪压力③其实是一个研究守法行为的两个方向之一：除了警察所代表的外部强制力，还有社会压力和心理感受等内在因素。

---

① 侯猛：《后普法时代的法律传播和公民守法——以闯红灯为主要分析对象》，载《清华法学》第 11 辑，清华大学出版社 2007 年版，第 28—40 页。

② Lawrence Friedman, *Impact*: *How Law Affects Behavior*, Cambridge: Harvard University Press, 2017, p. 187

③ Johannes Feest, "Compliance with Legal Regulations-Observation of Stop Sign Behavior", 2 *Law & Society Review* 447（1967）.

这两者的分类开辟了后来研究的道路：许多研究者就专门研究什么样的内在因素在起作用，为什么某种内在因素在某个社会起作用，而在另外一个社会不起作用。当内在因素不起作用的时候，人们是不是都像经济学家们所说的只有成本和效益的考虑？在守法的同侪压力骤然下降，或者违法的同侪支持度陡然上升，警力又单薄的时候，就会出现无序的情况。而且，在更开放和平等的社会里，同侪更多是同龄人，而不是父母和师长。同侪也不一定是有血有肉的人，而是某种信息，就像酒店已经退房的"幽灵"一样。这对被社会运动整得焦头烂额的政府而言，不知道有没有启发？

做研究没有那么难，也没有那么容易。同侪压力影响守法不是什么新观点。老祖宗早就告诫我们要"慎独"。万籁俱寂、独处一室时，不干有违道德（当然不一定违法）的事情，需要的不是普通的修炼。入乡随俗，从众，随大流，法不责众，都是常识。但如何将古老而平实的观点转化成具有操作性的现代社会科学研究，需要经过训练，更需要主动思考。街头的研究者妙在小处着手、大处着眼。

第三章

范式突破

Thomas Kuhn 认为,范式转变往往是偶然的,甚至并非有意识努力的结果。与原来的范式不相容的研究则为范式转变创造了契机。[①] 多年前,我有幸面谒 Marc Galanter 先生,请教他提出"重复当事人"那种革命性概念的经验。他坦率地说:"法律与社会科学几十年下来,的确也没有出现比重复当事人更大的主意。但我们能做的,是老老实实地做研究! 在这个过程中,也许新的想法突然出现了。也许你在别人研究的基础上,也许别人在你的研究的基础上,形成了突破。"

范式突破往往和转换视角相关联。转换视角是研究角度的变化;范式突破,是形成了新的理论或者概念。转换视角,不一定都看到结果,有时结果小,有时结果大。但相比一条路走到黑的做法,转换视角更容易看到无法解释和容纳的结果。在这个过程中,如果产生了新的范式,就会引领新的研究,如同新路开辟了,新桥修成了,新景点被发现了,新城市形成了,新产业兴起了。

当法学引入女权视角时,很多学者不以为然。"Herstory"当然冲击感官,但她们具体讲的是什么样的故事? 强奸固然是男性视角的定义,从女性视角出发的定义是什么? 可以通过什么渠道实现? 而当研究者从心理学上指出法治不过是男性出于个体主义的需要时,这个问题才豁然开朗,学界才意识到问题的严重性,于是新一轮学术革命产生。因为几乎所有的法律都需要重新考虑和修改,就像席卷全球的"MeToo 运动"

① Thomas Kuhn, *The Structure of Scientific Revolutions*, Chicago: University of Chicago Press, 2012, pp.11-12.

一样。同样，从日常的纠纷中去思考法律意识，发现经典作家的解释的不足，随后，研究者指出不同阶层、不同经历的人与不同类型的法律意识相关联，并形成了新的范式。此后大量的研究聚焦于不同境遇下的人群，但都在这个新的范式的影响之下发展。

范式突破是研究积累到一定程度的产物，在纠纷转型的金字塔出现之前，法律与社会科学界对纠纷解决已经关注相当长的时间。当纠纷转化的三个阶段提出后，才形成了范式转变。此后，几乎所有的纠纷解决的研究都离不开这个范式，要么沿着它设定的方向走，要么与它对话。同理，研究者原来只在法律与刑罚中兜圈子。但当人们发现"空间"居然是不同的治理术时，新的问题出现了，研究者为此重新思考禁酒令、人身保护令和财产法。

法治，不过是男性的需要

费孝通先生在《乡土中国》中讲"男女有别"①，解释为什么在乡土社会的结构下，男女之别必须维持。原因很简单，在乡土社会中，稳定是大局，天不变，道亦不变。男女之间的壁垒一旦打破，则会发生源源不断的变化和冲击，甚至失控，影响社会秩序的稳定。因此，更重视和描述同性之间兄弟般的情感，"义结金兰"，"不求同年同月同日生，但求同年同月同日死"。相反，"男女授受不亲"，男女之间的差别和壁垒越深越好，同性恋和自恋肯定是"变态"的。

费老没有提到的是，这种秩序本身也是男权的结果。男性在乡土社会里占据全方位的优势，是当然的家长、族长、村长。他们决定最重要的问题，包括祭祀、分配财产和为子女择偶。维持这种社会秩序，说白了就是为了维护男性的统治。要反思这种秩序，需要回答的基本问题是：什么是男女之别？

英文"history"的解释倒很实在地指出：历史讲的是"他"的故事。中文"史"字的结构是人加口字，但口中也一样是男人的事，因为当时的人指的就是男人；女人是她，与人是有分别的。于是，充斥于历史中的，不

① 费孝通：《乡土中国》，北京出版社2012年版，第60—67页。

是帝王将相,就是金榜题名;不是衣锦还乡,就是"腰缠十万贯,骑鹤下扬州"。人类的成功是指男人的成功。"Herstory"都到哪里去了? 如果人类的大部分历史是男权的,那么男权对社会秩序的制定和控制到底有多大影响? 在这种秩序中,有没有女性的声音? 有多少成为社会的规则?

以古已有之的强奸为例。强奸从来就是重罪,在 19 世纪的美国,强奸罪往往与死刑相连。但如何定义强奸? 什么才是强迫? 强奸只能在什么对象身上发生? 如何执行这些法律? 采取什么防范政策和措施? 从立法、侦查、起诉、审判、辩护、定罪、收监到改造的整个过程,几乎没有女性的声音或者角色。之所以说"几乎",是因为女性可以作为受害人出庭作证,仅此而已。如果读者诸君不信,请看名著《杀死一只知更鸟》。男人毒打女人、骚扰女人、强奸女人、折磨女人,但逮捕和审判这些男人的也全是男人。他们以男人制定的法律、依据男人的标准、按照男人的想法和思路来进行,一切都与女人毫无关系。①

可想而知,貌似中立甚至目的是保护女性的关于强奸的法律条文下面掩盖了多少男性的偏见和假设! 比如,法律只保护"值得尊敬"的白种女人,有色人种甚至"不值得尊敬"的白人女性都是无法控告强奸的。是否"值得尊敬",要看财产和身份,这基本上也得由男人决定。当然,强奸黑奴是不可能的,因为奴隶只是财产,如何处置是主人的权利。

强奸,顾名思义,必须是强迫,而"同意"就是对强迫有力的辩护。什么是"同意"? 要证明强奸,女性必须发动主动的、全力的反抗,仅仅嘴上说"不",是根本不够的。在这场反抗中,女性必须用尽最后一丝力气。法官这样写道:"这种抵制必须是她力量所能提供的最大的限度,必

---

① Lawrence M. Friedman, *Crime and Punishment in American History*, New York: Basic Books, 1993, pp. 216-217.

须完全被她所无法控制的外力所吞没,或者是处于'死亡'的威胁之下。"只要没有达到这个标准,就会被视为"勉强同意"。稍有屈服,即使是在压力之下,女性是没有资格声称强奸的。简言之,强迫与否的标尺由男性来定义。男性通过这种标尺,保证自己不被女人诬陷;女人对强力、暴力、抵抗、强迫的理解,根本就不是法律考虑的因素。可想而知,男性对这个过程的影响有多大,或者说,这个过程带着多少男性的偏见!不要以为这种观念已经成为历史。直至今天,坊间还流传这样的解读,"政客(当然主要是男人)说'是',意思是'不';女人说'不',就是'同意'"。

追根溯源,整个法治不过是男性的游戏。作为 20 世纪最有影响的女性之一,Carol Gilligan 一针见血地指出:所谓法治,不过是男性的需要。① 男女之别的根本在于女性有不同的声音,即她们对于法治的看法完全不同:男性需要把自己与其他人分开,保护自己不受干扰的权利,从根本上说,就是要形成独立的个体;而女性则不同,她们追求的不是与其他人分开,而是与其他人的联系,与其他人进行社会交往,是形成剪不断、理还乱的关系。

由于男性强调与其他人分开,所以就形成了法治的一系列制度,他们需要宪法权、财产权、合同权、隐私权、离婚权。以美国的《人权法案》为例,不仅作者是男性,表达的更是男性的声音。其中,第一条规定的言论自由,就是要有更多评说他人的权利。第二条规定的持有枪支的权利,不仅是为了防止强暴的政府,更是防止来自他人的威胁。"他",一方面需要隐私权,其他人不能知道"他"在干什么;另一方面,需要有看

---

① Carol Gilligan, *In a Different Voice: Psychological Theory and Women's Development*, Cambridge: Harvard University Press, 1982, chapter 2; Robin West, "Jurisprudence and Gender", 56 *University of Chicago Law Review* 13 (1988).

"黄片"的权利,并且堂而皇之地说,这是言论自由的体现。"黄片"中女性的隐私权当然不在保护之列,至少不在同等保护之列。①

合同法也是男权的典型体现。合同被认为是处理人际关系最好的方式,不论是在商业活动之中还是在婚姻之中。在商业活动中,书面合同优于口头合同,条款列得越清楚越好。在婚姻中,最好有婚前财产协议。根据我国《民法》规定,没有领取结婚证的,不算是婚姻,不管双方是不是生活在一起,也不管是不是有孩子。而最高人民法院有关的司法解释也明确规定,婚前房产登记在谁的名下,就是谁的财产。从法律的角度而言,这种所谓的"合同人"不希望与其他人有任何联系:这就是为什么事事都要先立合同。在进入任何关系之前,这个人已经对可能产生的问题想清楚了,而且做了详细的准备。合同的根本目标,就是要找到任何可能出错的地方以及解决办法。在合同法中,分隔是人基本的生存条件,而人际间的联系则是要防范的例外和异常。

中华人民共和国成立以来,男女平等就是宪法规定的基本原则。但很难否定的是,这个原则本身也基本上是男权的结果。在法律和政策的真正决定者中,有没有占据"半边天"的女性？同时,将男女平等的原则写进法律不难,难的是以细致的规定和实践去落实这个原则。比如,法律规定只要与未成年或者心智有缺陷的女性发生性关系,就构成强奸,即法定强奸。显然,这是对女性的保护,但界定谁是未成年人,什么是心智缺陷,女性却很少有发言权。在我国,强奸不能发生在合法的夫妻之间,不会发生在性工作者身上。"婚内强奸"还只局限于相当个别的情

---

① Robin West, "Jurisprudence and Gender", 56 *University of Chicago Law Review* 13 (1988); Barlett Katherine, "Feminist Perspectives on the Ideological Impact of Legal Education upon the Profession", 72 *North Carolina Law Review* 1261 (1994).

形。法院真正判定的"婚内强奸"的情况即使存在,也是凤毛麟角。据估计,中国约 30% 的家庭存在家暴现象。① 这更是值得深思的典型现象。

　　按照这个思路,要清理的名单有点长:合同法、物权法、公司法、侵权法、继承法、收养法……我不敢写下去了。

---

　　① R. Wexler, "Domestic Violence, Not Just a Family Affair, China Development Brief", http://www.chinadevelopmentbrief.com/article.asp? art1/4207 (accessed at April 19th, 2003);M. Woo, "Shaping Citizenship: Chinese Family Law and Women", *Yale Journal of Law and Feminism* 15.

当法律意识遭遇女性

当女性还没有进入学界的时候,法律意识是由马克思主义学说统治的:法律意识是由社会、经济、政治结构决定的。法律意识研究刚开始的时候,也是从马克思主义的观点出发的:统治阶级将法律当成管理社会的工具,而且这种"正式"的意识形态自上而下地贯穿到社会之中,而被统治阶级将主动或被动地接受这样的法律观。

以上论断显然是充满着男人秩序和逻辑的法律观。20 世纪 80 年代,当代法律人类学的集大成者 Sally Merry 到新英格兰的一个小镇去研究美国工人阶级的法律意识。[①] 她碰到了这样一件事:一对老年夫妇在镇上居住,可是几位邻居家的孩子(3—12 岁)下午会在附近踢球,喧闹声对老人产生了滋扰。镇上的公约清楚地写明,要保持社区安静,不允许踢球甚至扔雪球。于是,老人打电话叫警察来把孩子们赶走。可是孩子们还是时不时会来,老年夫妇只好又去叫警察。这样的情况有时一天能重复五次之多。

三番五次以后,孩子们的父母不干了。他们争辩道,孩子们不就是

① Sally Engle Merry, "Everyday Understandings of the Law in Working-Class America", 13 *American Ethnologist* 259 (1986).

踢个球吗？又没有造成破坏。况且，也不是所有的时间都在踢球，只是下午放学后的一点时间在踢球罢了。而警察已经不太愿意来了，因为他们也觉得这没有什么大不了的，甚至让年轻的夫妇去法庭状告老人制造事端。老人们于是闹到市长和警察局长那里。他们当然高调地支持老人，而且重申镇上的公约一定要执行，但他们所说的能否得到落实则是另外一回事。

这个故事看似简单，可 Merry 敏锐地发现，虽然孩子们的父母和老人同属于美国的工人阶级，但对于小镇上不允许踢球的规定的看法却截然不同：老人认为公约必须执行，法律就是法律，他们否认自己叫警察来是故意找碴——警察就是来执法的。而孩子们的年轻父母则认为，镇上的公约虽然规定了要求保持安静，但这样的陈规旧俗早就过时，孩子们放学后在街边玩一会儿球没什么大不了的。老人"站着说话不腰疼"，因为他们的孩子已经长大离开了小镇。更重要的是，警察似乎也支持孩子父母的看法，开始怠工。按照马克思主义的理论，警察作为统治阶级的一部分，应当不打折扣地执行法律才对，在这个问题上怎么能"胳膊肘往外拐"，支持小孩子们的父母？

Merry 认为，美国社会至少存在两种法律意识：一种是正式的法律观，代表国家的法律观。美国是个法治社会，人们之间的权利和义务是由法律来界定。法院、警察和政府能够提供一定程度的正义。另一种是场景法律观，认为法律在现实生活中是灵活、随意的，不一定会被完全执行，而必须与现实情景相对应。只有在这两种看似对立的法律观的交融中，我们才能理解普通民众对法律的看法。

两位女性学者 Patricia Ewick 与 Susan Silbey 的研究进一步证明，普罗大众的法律意识与社会地位和经历是有关的。[1] 比如,认为法律不过是反叛之法(against the law)的多数人是下层社会的民众,他们不相信法律会帮到他们。在他们看来,法律只为特定的人群服务。而认为法律值得敬畏(before the law)的多数人是社会的中产或者上层。即使他们缺乏法律知识或者经验,也会认为法律是维护社会秩序的根基,值得尊重。而认为法律不过是游戏之法(with the law)的多数人是经常同法律打交道的人,把法律当成一种游戏规则。这类人群可能来自不同阶层,但或多或少都愿意认真对待法律、接触法律,去除法律的神圣性和神秘性。他们认为只要按法律的规则行事,就会有结果。

后续的研究更加证明了法律意识与阶层、身份、法律知识、接触法律制度的经验等有关。我和合作者曾经研究过内地某县城被欠薪的民工的法律意识,发现他们并不是反抗法律,而是他们基本上不具备用法律手段来保护其权益的基本条件。他们依赖包工头进入城市打工,工作基本上都是由包工头安排,个人不会与工程的发包方签订书面的劳动合同。一旦发包方跑路,或者因为其他原因而无法拿到工钱,他们连一份正式的合同都没有! 即便他们想要去法院或者劳动仲裁部门讨薪,也没有钱雇律师,对法律知识几乎一无所知,不知道什么是法律认可的证据。此外,时间因素也对他们不利。他们在工钱被欠发的时候,往往不会采取行动,寄希望于事情会出现转机。直到春节前夕,他们发现没拿到工钱就无法回家过年,来年也不一定再回到原处打工,这时他们无法再等,才会采取行动。这种状态使得他们几乎无法到法院打官司或者向仲裁部门申请仲裁。法律对他们而言是高高在上的:他们不反叛法律;如果

①　Patricia Ewick & Susan S. Silbey, *The Common Place of Law*: *Stories from Everyday Life*, Chicago: University of Chicago Press, 1998.

条件许可,他们有可能使用法律,但法律高得令他们够不着,他们往往处在法律之下。

类似的,当时还是女学生的 Margaret Boittin 研究过上海和北京地区性工作者的法律意识。① 她发现,由于这些"小姐"们很清楚自己的行为已经超越了法律的边界,而且在道德上也受到责难,所以她们很少在受到伤害时寻求法律特别是警察的帮助。当然,其中的一个原因是警察权力太大,往往使她们受到伤害而非得到保护。然而,这并不意味着她们无法区分什么是正当和不正当的行为,也不意味着她们无法意识到伤害的存在或是无法辨别加害人。她们对性服务业合法化有强烈的诉求,认为她们也是给社会和谐做贡献,甚至参与到反对羞辱性工作者的社会运动之中。只是与从事正当职业的人相比,她们更少地谈论自己所受的伤害。同讨薪的民工一样,她们似乎在避开法律。她们更倾向于自责,更担心受到报复,法律在她们的眼中是谴责的对象。

简言之,她们的身份、地位以及与法律制度特别是警察打交道的经历塑造了她们的法律意识。正如 Kristin Bumillier 所说:当人们不使用法律时,才更能看清法律的残酷性。②

转了一圈回来发现,马克思主义的观点似乎没有错,关键看如何去理解。如果将正式的法律意识视为唯一的可能,则必然忽略了普罗大众的看法。如果机械地进行阶级分析,将法律意识与某种社会阶层直接关联,显然也有失偏颇。即便在人民内部矛盾中,各方对法律的理解和态度也是迥异的。

---

① Margaret Boittin, "New Perspectives from the Oldest Profession: Abuse and the Legal Consciousness of Sex Workers in China", 47 *Law & Society Review* 245 (2013).

② Kristin Bumiller, *The Civil Rights Society: The Social Construction of Victims*, Baltimore: Johns Hopkins University Press, 1988, p. x.

　　虽然一些男性学者在法律意识这个领域也有所作为,但女性学者似乎更占优势。在她们细腻的关注和分析下,特定的社会群体对法律的经验、知识、所处的位置乃至个别事件都纳入讨论的范围,她们发现平静的海面下存在着变化万千的海底世界。

大众的法律意识

香港社会没有什么时候比今天分化得更严重。同事、家庭成员、朋友、职业团体之间可能对警察的行为、法院的决定、政府的法令产生根本的分歧。差别如此之大，以至于我所在的乒乓球俱乐部明确规定群组内和聚餐时不能谈论时事。同事之间也小心翼翼地避开政治话题，以免引起不必要的冲突。

一、 分化的法律意识

政见的分化是显而易见的，而法律意识的分化则很少受到关注。法律意识指的是社会大众如何看待法律。具体来说，是表示由衷的敬意还是嗤之以鼻乃至反叛？是敬而远之还是接触参与？这直接决定了法律能否得到遵守，社会秩序是否得到维持。

问题是，这个社会的大部分人并没有亲身接触过法律，生活中也很少有法官、警察、律师的介入，有机会经常接触法律的人似乎集中在法律界和法律学院。法律职业人员出入的场合往往非常注重仪式感，着装也异常考究：法官着假发，警察、惩戒所的人员着制服，大状出庭时着头套，普通律师也是西装革履。其结果是，对于那些对法律知之不多，或者说法律存在于他们生活之外的人而言，法律令人敬畏。几年前我在街面上与陌生人聊天，自我介绍在大学教法律。对方看着身着 T 恤衫、运动裤、不修边幅的我，一脸狐疑，不敢相信。

然而，人们对法律制度有所接触之后就会发现，法律不过是一套有其运行机制的规则。它与大多数体育项目类似：有规则，也有运动员、裁判和教练。整个过程围绕运用规则展开，也讲事实和训练。其中，有机械的地方，也有人为的因素。对于真正参与并运用法律制度来争取权益的人，法律其实就是一套游戏规则。如果想增加取胜的机会，需要做的工作之一就是认真学习它的规则，并加强训练。在这群人眼中，法律不再是敬畏之法，而成为游戏之法。

剩下的是另外一群人：他们对法律可能完全没有接触，也可能对法律有所接触，但之后立即发现，法律对他们明显不利。要么法律不考虑他们的利益，要么因为他们所处的社会地位和位置，不可能得到法律的帮助。在美国，警察执法最具争议的行为之一是所谓的"种族定性"，即按照种族的特征采取不同的执行手段和方式。黑人、拉美裔或在贫困社区生活的人很容易对警察的针对性行为不满，从而形成"反叛"法律的心态和看法。在香港，许多年轻人也认为政府的某些法律不仅帮不到他们，反而会蚕食他们既有的利益，从而也会对法律形成"反叛"的看法。

这就是学者 Patricia Ewick 和 Susan Silbey 对平常之处的法律意识所

进行的三种经典分类。① 在她们看来,不同的法律意识与身份有联系。处在社会中层以上、有工作、有身份、有地位的人,即使与法律制度没有接触,也会相信法律制度能够维持社会秩序,会对法律持敬畏的态度(before the law)。处于社会下层的人,对法律制度不了解,或者了解之后马上发现法律对自己不利,就会变得愤世嫉俗,形成"反叛之法"(against the law)。而处在两类人群之间的则是与法律制度有所接触的人士,可以是律师,也可以是非法律人士。他们愿意进一步理解法律,并把法律作为争取权益的方式。他们把法律制度当成游戏规则(with the law)。

二、 法律意识的变化

这三种法律意识既存在于不同的人群中,也可以体现在同一个人的不同阶段。当一个人所处的社会结构和地位发生变化时,她的法律意识的主要形态就会发生变化。而当她在接触法律制度时,其经验也会影响法律意识的发展。当一个人对法律制度毫不了解时,主导的法律意识可能是敬畏;而对法律有所了解后,其对法律的认知可能就转变为游戏规则。法科生从对法律一无所知到成为一名成熟的律师,经历的正是从敬畏之法到游戏之法的转变。如果在接触法律的过程中不断受到挫折,就可能倾向于相信法律对自己不利,从而转变成"反叛之法"。如果社会下层的公民在尝试接触法律之后,发现法律其实还比较公正,就可能更多地运用法律,从而从"反叛之法"转为"游戏之法"。

① Patricia Ewick & Susan S. Silbey, *The Common Place of Law: Stories from Everyday Life*, Chicago: University of Chicago Press, 1998, pp. 57-222.

Patricia Ewick 和 Susan Silbey 的研究不仅给纷繁复杂的法律意识做出相当准确的分类，而且将不同的类型与社会地位和身份联系起来。更为重要的是，她们指出，社会人群对法律的看法和认识不仅存在差异，而且富于变化。这就是为什么当前社会中有的群体要求遵守法庭命令和法律所维持的社会秩序，有的群体支持政府和警方"止暴制乱"，而有的群体却希望"揽炒"，以"勇武"的方式破坏交通设施和商铺，甚至不惜与警方开战。这也就是为什么人们的法律意识会发生变化。比如，社会运动开始时，很多市民对"勇武"根本不接受，后来慢慢地转向观望和中立的态度。而当社会秩序遭到大规模的破坏之后，对"勇武"的支持似乎又开始下降。又如，一些主持和平示威的组织和个人申请警方的游行许可和法庭的禁制令，但屡遭挫折之后，是不是也会由"和理非"转向"勇武"？

三、 大众的法律意识直接影响社会秩序

传统的看法认为，普罗大众的法律意识并不重要，因为他们不懂法，他们如何看待法律似乎不影响法院和政府如何执法。这种观点甚至认为，只存在正统、官方、"大写"的法律意识。长期以来，法学院的任务就是让学生学会"像律师一样思考"。然而，这种精英主义的法学教育忽略了普罗大众法律意识的重要性：法律职业以外的人们如何看待法律，会直接影响法律的执行和社会的运行，他们才是社会的主要组成部分，他们如何看待法律决定了他们如何行为。是不是守法？是不是同执法人员配合？是不是主动地履行法定的义务？是不是教育周围的人守法？是不是带动其他人守法？

因此，我们不仅需要了解他们的法律意识是什么，而且要了解法律

意识如何转变。这是一项复杂的工程，因为不同背景、不同社会地位以及与法律制度有不同联系和经验的人都可能会有不同的看法。由此可见，这项工程需要大量认真的研究。目前我国已有法治指数等方面的问卷调研，但对于了解这个问题还远远不够。更多的研究应当像上面提到的学者一样，深入基层，深入民众的内心，去了解他们的所思所想，以及个中原因。这样才能更好地理解社会公众的行为，也才能更好地维护社会的秩序。

隔离与治疗

一、 隔离作为空间治理术

隔离、治疗同属热搜的关键词。然而,隔离和治疗却是截然不同的社会治理手段。治疗、改造、培训是矫正手段,而隔离是空间手段。

惩罚、规训、空间是 Foucault 提出的三大治理术。[①] 人们最熟悉的是惩罚。犯罪与惩罚,最自然,也最老套。惩罚针对的是身体——体罚、苦役、杀头。规训针对的是精神和灵魂,强调的是矫正,重新做人,成为对社会有用的人。因此,教育、培训、思想改造成为其主要手段。空间则针对的是安全,但指的是整个社会的安全。比如,把罪犯隔离起来,以保证其他人安全。

物理分隔是常见的空间手段,软卧、硬卧、硬座、经济舱、头等舱、学区、行政区划、国界、房产、银行账户等均属于此。银行账户不一定需要保险箱分隔,在网络上和电子系统下分开,也是事实上的物理分隔。此时,财富、地位、政权、民族国家是空间分隔的原因,法律不过是手段。

---

① Michel Foucault, *The Foucault Effect: Studies in Governmentality*, Chicago: University of Chicago Press, 1991, pp. 102-104.

需要指出的是,对物的分隔还不够的时候,就有了对人的分隔,限制人的流动。

空间手段自古有之。龙勃罗梭提出天生犯罪人论,认为有人天生就是罪犯,无法矫正,只能物理消灭或者终身监禁,后者即空间手段。欧洲中世纪的城邦为防止劫匪进入,囚禁违规者,也是空间手段。

近代以来,当大量问题人口无法矫正,绝望之余便是空间手段。这种手段一致地适用于罪犯、有暴力倾向的人、赌徒、麻风病和癫痫病病人、烟民、酒鬼、无法控制性欲的人、家暴的施暴人、传染病人等。于是,逐渐有了监狱、人身保护禁区、禁酒区①、宵禁区、红灯区、赌场、吸烟区和无烟区等场所。

简言之,"正常人"来处理"不正常"的人,用的是同一套逻辑。

二、 空间治理的逻辑和策略

读者一定会说,隔离并不意味着不治疗,甚至隔离是为了更好的治疗。诚然,两者不仅同时使用,而且常常同时使用,甚至必须同时使用。两者的关系只在发生冲突时,才会昭然若揭。两者不可兼得时,或者无力治疗时,准确地说,当隔离区的治疗设施不足时,才发现空间边界不能跨越,患者不能转移到医疗资源丰富的地方。结果是,轻病患者回家自行隔离,因为在医院和在家一样,在医院反而更容易交叉感染。"主要靠自身的免疫力!"当隔离区的医疗资源不足时,隔离区外的医务人员可以逆行,但绝不允许隔离区内的患者离开。

---

① Mariana Valverde, "Seeing Like A City: The Dialectic of Modern and Premodern Knowledges in Urban Governance", 45 *Law & Society Review* 277(2011).

作为治理术，治疗和隔离在逻辑和策略上有重大差别。治疗，顾名思义，目的是矫治；隔离则不同，是把不同的人群放在不同的空间，互不干扰，以此作为治理的办法。隔离作为空间治理术，是不治而治，以不治而达到治理的目的；不治而是分隔，是它的根本特点。

空间治理本来只是矫正治理手段的补充，但与矫正的逻辑和技术完全不同。空间治理针对的是人群整体，试图最小化风险，或者在不同的人群中分配风险。它着眼于将来，防止明天情形更坏。它不惩罚或者矫正不正常的个体，重心不是过去和现在，而是将来。它关心的不是今天的罪犯，而是明天的安全。空间治理采取的手段是隐藏、转移，而不是将这些人治愈；目的只是为了减少整体的伤害，而不是为了防止这些人受到侵害。

封城就是防止特定的人群受到感染。这个措施需要划分区域，但根本目的不是矫正；不是着眼于今天的病人，而是明天的疫情。

最高级的手法当然是自我教化，将身体健康和治理的目的结合在一起。"城市卫生，从我做起。"专家说，自我隔离、戴口罩、不使用公共厕所。经过教化，这些做法变成我们自己的选择，但这些空间教化与灵魂的自我教化完全不同，多喝水、勤洗手、多睡觉、增强免疫力等属于规训或者治疗手段。

三、 空间手段的时间性

空间手段往往会与时间交织在一起。例如，禁酒令往往在"午夜"之后实施；宵禁的"宵"，指的就是时间；小贩在城管下班后才出动，入夜后才摆摊。对于城管来说，只要在"上班时间"流动摊贩不在特定的路段出现就行，其他的不管。对于风行美国夏威夷的非法斗鸡活动，警察只在"中午时分"象征性地抓一两个斗鸡人。① 而且只是罚款了事,根本不会规训、教育、改造斗鸡人。鸡民们等待乃至欢呼这一刻的到来:警察的到来表明今天不会再有突袭,因而下午可以尽兴。同理,疫情汹涌,小区禁止"晚上七点后出入";封城于"某月某日"开始;强制隔离"今天"开始;俄罗斯从"某日"开始拒绝他国人入境;人身禁止令规定施暴者"何时"不能靠近受害人;商场规定了"营业时间";学校规定"作息时间"。

四、 为什么用空间治理术?

空间治理术出场的理由是:治不过来,治也治不好。"剪不断,理还乱。"何必呢,干脆分开;烂,就让它烂在肚子里。

传染只是表面现象。传染,从根本上说是治疗的难度大、成本高。治疗也不是没有希望,但结果可能是越治越多。反正矫治起来,成本大于成效,这时空间治理术就会出场。

20世纪90年代,美国大量使用空间手段对付罪犯,是因为监狱里的罪犯激增。当局无处囚禁,更无力进行矫正、教育、培训,只能从空间上分隔。Janathan Simon 称之为从监禁到废物管理。② 需要做的只是将垃圾分类运用到人类身上,就像上海帮助居民进行垃圾分类的社区志愿者问:"你是什么垃圾?"

改革前,人口流动小,贫富差距小,空间技术依赖于户口制度和单位小区。现在是人口流动大,贫富差距大,流动犯罪多,陌生人的数量激

---

① Kathryne Young, "Everyone Knows the Game: Legal Consciousness in the Hawaiian Cockfight", 48 *Law & Society Review* 499 (2014).

② Jonathan Simon, "From Confinement to Waste Management: the Post-modernization of Social Control", 8 *Focus on Law Studies* 4 (1993).

增,无法有效矫正根除,所以建立需要门卡的小区,挡住脏、乱、差。

人权思潮也影响空间手段的使用。家暴中的人身保护令是典型的空间治理术:不是将施暴人单独囚禁隔离,而是将施暴者从空间上与受害人分隔。① 2011年修订的我国《婚姻法》第3条第一次明确规定"禁止家庭暴力"——约30%的家庭都有家暴发生——至少不是法律的事,但在全球化人权运动的影响下,丈夫不能再打妻子。法律禁止家暴之后,才有了"违法"的家暴,而且数量之大,令人咋舌。当对施暴者的教育改造能力跟不上时,需要借助空间手段解决,于是就出现反家暴人身保护令。

五、 道德的退场

当空间治理术出场时,传统道德退场,矫正罪犯的目标是"一个都不能少"。研究表明,只要罪犯出狱后有工作,累犯比例会大大下降,矫正的思路是将他们融入劳工大军。空间治理的理念则不同:只要分隔罪犯,不影响他人就行。至于罪犯能否得到改造,或者犯罪技术和反社会心态是否在罪犯之间传染,那是他们自己之间的事。

同理,以治疗为目的的医德强调救死扶伤,有病必治,医生无国界。而空间手段是要减少疾病而不是消灭疾病。香港医护要求全面封关,不是"一个都不能少",而是"一个都不能来"。装备不够至多是个借口,至今没有一个香港医护感染,反正患者不到香港就行——典型的空间治理思维。

在空间治理术下,重要的不一定是治愈疾病的知识,而是辨别潜在

---

① Sally Engle Merry, "Spatial Governmentality and the New Urban Social Order: Controlling Gender Violence through Law", 103 *American Anthropologist* 16(2001).

病人的手段——核酸检测试剂比特效药还重要,重大突破是 15 分钟就能检测是否感染病毒的新试剂。检测体温是空间治理中辨别分隔对象最基本的手段,将人口分成自我管理和需要控制的两类。

空间技术不需要罪犯重新进入社会,只需要隔离。监狱更多地成为收容所而不是教育、培训和改造的机构。空间治理的根本目的不是提高社会上所有人整体的安全,而是通过隔离危险分子使一部分人更安全。保险和精算变成方法,空间治理术就是为了达到安全:这便是可行而且便捷的方式,即使只是特定人的安全。

六、 受益者和受难者

Foucault 没有明说这三种治理术是否会互相取代,只说不同的治理术对应不同的社会类型。在皇权统治下的封建社会,惩罚是主要的方式——从而凸显君权。而在以管理为主导的社会,规训的方式增加。在自由的时代,空间手段成为主流,三种手段时时交替使用。真正的问题是:它们是如何转化的? 转化的条件和原因是什么? 为什么有的情形——如人身保护令——空间手段其实存而不用? 而在疫情面前,却一点就着?

谁是使用空间手段的始作俑者? 当然与政治体制、社会意识形态等相关,具体情况因财富、权力、种族而不断变化。比如,如何定义犯罪和疾病? 女权主义运动何时席卷全球? 病毒的传染性到底有多强? 公众是否过度恐慌? 现行的治疗方式是否有效? 惩罚手段的有效性如何? 空间手段是否有可行性? 关口是否容易设立? 又如,一些国家和地区在疫情期间不让邮轮靠岸,最大化地分隔邮轮形成的空间。惩罚罪犯的理由充足,但要惩罚病人,只能在他们不如实交代和拒绝隔离的时候才能实施。

　　由于规训和空间是互补的手段，两者的有效性决定了空间技术使用的比例。当权者可能利用空间手段来控制异类，如少数派、异端分子、疯子、精神病人等。因此，隔离区外当前的、暂时的安全，是以隔离区的不安全为代价的；隔离区外的健康，是以隔离区内的病痛和死亡为代价的。所谓的"正常"，是通过"不正常"来强化的。

　　空间手段，是对规训手段的绝望。隔离，是在治疗的绝望中寻找希望。

以眼还眼

面对社会动乱,政府应当采取什么样的策略和何种程度的武力,以维持社会秩序? 有人认为政府没有采取足够的措施;也有人认为政府滥用权力,而在某些事件上又过于懈怠。那么,什么样的措施才能真正地起到维护社会秩序的效果?

一、 回应型规制

Ian Ayres 和 John Braithwaite 提出的回应型规制可能是最有效的办法之一。① 他们认为,有效规制来源于"以眼还眼"的策略,即根据对象行为的严重程度及其动机和态度采取不同的执法策略,从而建立起良性的合作规制。这种策略被称为回应型规制,是基于行为人复杂的动机和态度,选择采取威慑惩罚或说服原谅的方式。

按照这个策略,规制者应当先礼后兵,即对于从来没有违规的规制

_____

① Ian Ayres & John Braithwaite, *Responsive Regulation: Transcending the Deregulation Debate*, Oxford: Oxford University Press, 1992.

对象,应当先以礼相待,相信他们会自愿遵守规制内容。例如,在煤矿安全规制中,煤矿企业主可能是经济理性驱动,也可能是社会责任感驱动。对于这些本质上希望建立起安全和健康的工作环境的企业,通过原谅、教育和说服等方式能够产生更好的遵从效果。如果规制者对这些企业进行严厉惩罚,则会抹灭他们的善良本质,从而引起反效果。博弈论者更进一步发现,只要企业依然合作,规制者就应避免使用威慑。这并不是假定人们天生就偏爱合作,而是基于"更多回报"这一事实:合作对于规制者和规制对象都有利。当企业受到利益诱惑而采取欺骗手段,规制者可以从合作转向威慑。这一策略能够最大化规制的实效,而且违反者易于识别信号,从而调整行为。①

当规制对象不守规矩时,规制者应当根据行为的严重程度,采取从轻微到严重的程度递增的惩罚手段。最严厉的惩罚往往只是最后的手段,它不能经常使用。上述两位教授用一位纳税人的经历来说明将严厉惩罚放在最后使用的重要性。当纳税人产生逃税的想法时,他可能想到税务官员的审查和严重的处罚;同时,他还可能觉得违反税法是一种道德上的错误。在这个过程中,税务官员并没有实施惩罚,但是惩罚的威慑感和道德内疚已经影响了纳税人。尽管惩罚没有实际发生,会不会发生也不确定,但它已经起到威慑并激励理性思考的作用。一个月之后,由于这位纳税人误解了税法而进行非法扣税,他被审计了。审计官员怀疑他逃税并威胁施以处罚,这让他感到惊讶,进而开始反抗税务人员,以报复这种不信任。试想,假设审计官员向纳税人传达这样的信

---

① John Braithwaite, *To Punish or Persuade*: *Enforcement of Coal Mine Safety*, New York: State University of New York Press, 1985, pp.169-180.

息：你只是误解了法律，但仍是一位有责任感的公民，不需要被处罚，纳税人很可能对自己的行为报以歉意并马上补缴税款。因此，以信任和原谅取代处罚，能够帮助税务人员更好地保持纳税人遵从法律的本性。学者 Goodin 总结说，"不要愤怒，而要公平"。① 这就是为什么原子弹的威力在于威慑，而不是使用，最强大的惩罚手段只能在万不得已时使用。

二、 灵活运用回应型规制

问题在于，回应型规制仅包含两方——规制者和规制对象，那么，如何知道规制者是不是采取了适当的规制手段？这时候往往需要引入第三方来监督规制的实施情况，让第三方参与到规制者和规制对象的互动中，甚至赋予公益团体起诉的权利。这样不仅可以减少规制者和规制对象的误解，也可以减少潜在的权力寻租机会，防止腐败。

更进一步的问题是，这种递增式的规制在某些环境下并不适当。例如，控制那些灾难性的风险就很难适用递增的手段，规制者必须迅速、果断地诉诸高层级的规制策略。然而，什么是灾难性的风险，并不好判断。一旦使用过于严厉的惩罚就会有损规制双方的关系，而要恢复到温和的策略就不容易了。此外，全面使用回应型规制可能会产生浪费。如果一开始就知道某些规制对象是坚定的违规者，就没有必要采取循序渐进的方式。此时，"目标分析"——分析被规制对象的类型以及采取相应的规制策略——会更加有效。这与毛泽东针对两类不同性质的矛盾而采

---

① Robert Goodin, "Itinerants, Iterations and Something in-between", 14 *British Journal of Political Science* 129（1984）, p. 130.

取不同的解决方法异曲同工。

最后，只有当规制双方的关系明确时，回应型规制策略才有说服力。但是，在高度复杂的监管和执行活动中，确定的信息并不容易获得，回应型规制的效果将变弱。从实施上看，规制双方可能无法进行充分的沟通交往以支持回应型策略的运作。此外，规制执法并不只涉及交互因素，规制者的资源、规制对象的规模和遵从的成本等因素都可能影响规制的结果。在某些领域，立法机构可能已经确定了对违反者的处罚等级，规制机构更没有空间运用回应型规制。

程序 = 正义？

人们为什么会接受政府、法院或者警察的决定？显然,结果本身非常重要。但另一个因素是看这个决定是如何做出的:是不是符合特定的程序？受影响的人群是否得到尊重？他们是否信任做出决定的机构？这就是常说的程序正义。

一、 程序正义比实质正义更重要？

在20世纪70年代以前,学界普遍认为,人们是否接受决定的根本因素是结果本身。满意是因为结果有利,或者说结果实质公平。但John W. Thibaut 和 Laurens Walker 在实验室的开创性研究认为,程序对人们的态度有独立于结果之外的重要影响。[1] 比如,如果当事人觉得诉讼程序是公平、公正的,就会更容易接受判决结果,即便该结果实际上对他不利。他们专门比较纠问式诉讼和对抗式诉讼,发现对抗式诉讼的当事人

---

[1] John Thibaut & Laurens Walker, *Procedural Justice: A Psychological Analysis*, New Jersey: Lawrence Erlbaum, 1975.

会觉得程序更公平,同时也对判决结果感到更满意。值得注意的是,这不是研究客观的程序正义,即客观要求的程序和过程,而是主观的程序正义。该研究从心理学的角度出发,关注人们的内心是否认为某一程序是正义的。在具体研究中,考察这一主观程序正义通常会采取询问当事人的方式,问他们"你是否觉得这些程序是公正的"。

真正将程序正义的研究发扬光大的是 Tom Tyler。他不仅认为程序正义对人们是否接受决定有独立的作用,甚至认为程序正义的作用还大过结果和实质正义。在他看来,重要的不是决定的内容,而是做出决定的方式。① 学界很多人不一定接受他这个近乎夸张的观点,但普遍认为,在结果相同的情况下,是否符合程序正义,对当事人接受裁判决定肯定有所帮助。更多的学者,当然最主要是 Tyler 和他的合作者,将研究从法院、警察扩散到各种组织机构中, 从发达国家到发展中国家。他们的经验研究几乎一边倒地证明,程序正义确实强烈地影响人们的态度。②

二、 重罚不如程序正义?

在家庭暴力中,如何防止施暴人重犯? 施暴人往往信誓旦旦地声称要改,受害人大多半信半疑。也有人认为,施暴人在性格上有问题:有了一次家暴,就会有一千次。如果从这种"性格决定论"出发,受害人应当

---

① Tom Tyler, *Why People Obey the Law*, New Haven and London：Yale University Press, 1990, pp. 57-68.

② e. g. , Kristina Murphy, Tom Tyler & Amy Curtis, "Nurturing Regulatory Compliance：Is Procedural Justice Effective When People Question the Legitimacy of the Law", 3 *Regulation and Governance* 1 (2009).

当机立断,离开施暴人。但这显然不是一个容易的决定。一分钟前,施暴人可能将受害人的生命夺走;一分钟后,他变成受害人最亲密的人。受害人逃离不得,原谅也不得,甚至求生不能,求死不得。如何解决家暴重犯,确实是令人十分头痛的难题。

显著有效的办法是加大惩罚的力度。从20世纪80年代开始,美国各州全面立法:只要出现针对家庭成员的攻击,就要强制逮捕。结果警方针对家暴行为的逮捕案件一时大增。然而,研究结果表明,仅仅依赖逮捕,重犯并没有减少;甚至长时间的羁押,反而增加了重犯的概率。在这个意义上,"性格决定论"似乎占了上风。

学者 Raymond Paternoster 及其合作者的研究却聚焦于程序方面,他认为改善警察介入的方式方法对减少重新施暴的现象起到独立甚至优于惩罚的效果。[①] 这包括三个方面:一是表达,即警察有没有耐心倾听施暴方的叙说? 二是一致,即是不是每次警察出现,都会将施暴人逮捕? 三是公正,即警察有没有同时倾听施暴人和受害人的陈述? 当警察以程序上公平、公正的方式介入时,家暴的重犯行为会大为减少。这时,程序正义论似乎击败了"性格决定论"。

同样的方法也被运用到其他领域。由法院判定的离婚后的权利义务关系往往很难实施,当事人极容易反悔,新的矛盾也会产生。如果每一次协议无法履行时,都要请法警到场来执行,那将不胜其烦。研究者提出建设性的离婚(constructive divorce),即由离婚双方参与法院决定的过程,将每个环节都向他们解释清楚。这种做法提高了法院决定的程序

---

① Raymond Paternoster, Robert Brame, Ronet Bachman & Lawrence Sherman, "Do Fair Procedures Matter? The Effect of Procedural Justice on Spouse Assault", 31 *Law & Society Review* 163 (1997).

公正,结果发现这类离婚决定的执行效果大大提高。

三、 程序正义 = 尊重?

程序正义为何如此重要? 一个解释是"关系模型"。学者们指出,虽然程序正义并没有解决实体问题,或者为当事人带来有利的结果,但程序本身具有独立的意义——它暗示了当事人在群体中的社会地位。正义的程序能让当事人感到自己被这个社会尊重和接纳,处于主流而非边缘的地位。因此,当事人会对结果和整个体系感到满意。这个解释固然有理,但并不能消解质疑。后续的研究认为,程序正义的作用可能因结果的重要性而不同。如果结果性命攸关,当事人可能会弃程序而重实体,程序正义的作用相应会大打折扣。Valarie Jenness 和 Kitty Calavita 的研究表明,在改变囚犯在狱中的囚禁条件的行政争议中,决定结果的重要性远远大于决定过程是否遵循程序正义。[1] 原因很简单,这些决定对于囚犯而言,无论是获得医治顽疾还是与家人团聚的机会,都极其重要。而对于做出决定的狱警而言,这些问题稀松平常,形同儿戏。用囚犯的原话说:"他们一个随意的决定,会剥掉我的皮!"[2]于是囚犯更关注结果本身,从而忽略决定是如何做出的。同理,对于上访的访民而言,相较于政府如何处理这些案件的程序,事情的最终结果对他们的满意程度会产生更大的影响。

---

[1]　Valerie Jenness & Kitty Calavita, "'It Depends on the Outcome': Prisoners, Grievances, and Perceptions of Justice", 52 *Law & Society Review* 41 (2018).

[2]　*Ibid.* , p.64.

法律与秩序

法律与秩序通常联系在一起。美国有一部电视剧就叫《法律与秩序》，虽然其内容也不是秩序，甚至更多展现的是暴力对秩序的破坏，但总的来说，是法律界定了秩序，是秩序的"定海神针"。在当代法律与发展运动中，将法律与秩序等同起来的例子更是数不胜数。[①] 更有人将当代西方的法治视为秩序的唯一方式，或者是最优方式，甚至是人类社会发展的唯一目标。

然而，不管在逻辑上还是经验上，这种目的论、线性发展论都成问题。在逻辑上，人类社会的秩序由多种方式来维持。比如，社会规范、道德、强权都曾经是维护秩序的手段，甚至有些仍然是维持秩序的主要手段。大写的法治——将法上升为最高的权威，不受其他机构和人员来影响执行的法治——至多是其中一种手段。

在经验上，这种法治更是例外。历史上大量的社会类型，包括当代社会中的某些时期，或者所谓法治主导社会中的某些角落，维持秩序的

---

① John Ohnersorge, "The Rule of Law", 3 *Annual Review of Law and Social Sciences* 99 (2007).

都不是这种规范含义的法治。而且，人类社会还经常处于无序状态，即使有大致良好秩序的情况占多数。

因此，有必要将法律与秩序分开，以便更好地理解不同社会类型中法律与秩序的关系。将法律和秩序作为两个维度，可以形成以下分类。

	法律(有法)	无法
有序	法治	无法的秩序
		秩序大于法律
无序	有法无序	无法无序

图一　法律与秩序的分类

左上是以当代西方社会为蓝本的，标准法治下有序的社会。这里讲的法律是指地位不受挑战的法律，与之相对应的，还有基本人权、正当程序等当代法治的主要元素。在这样的制度中，权力会受到限制。

左下是有法无序，描述的情况是法律颁布了但得不到执行，或者人们也不遵守，法律不过是一纸空文。这种情况在许多殖民地区都出现过。① 更为重要的是，其他维系社会秩序的机制也不起作用，如当代的哥伦比亚。②

右下是无法无序。在这种情况下，不仅没有法律，秩序也没有。经

---

① John Comaroff & Jean Comaroff, "Law and Disorder in the Postcolony: An Introduction", in John Comaroff & Jean Comaroff (eds.), *Law and Disorder in the Postcolony*, Chicago: University of Chicago Press, 2006; Jonathan Saha, *Law, Disorder and the Colonial State: Corruption in Burma, c. 1900*, Berlin: Springer, 2013.

② Michael Taussig, *Law in a Lawless Land: Diary of a Limpieza in Colombia*, Chicago: University of Chicago Press, 2013.

历过"文革"的人也许还记忆犹新,本来"文革"前的秩序是通过行政手段来维持的,当行政手段突然失控的时候,便形成了完全无序的状态。公检法机关被砸烂,不仅没有法治,而且没有秩序。社会等级被颠倒,领导、精英、家长及其他权威可以随意被批斗。正常的社会秩序被所谓的战争状态取代,基于政治身份的伤害不断发生,法律、人权完全被摧垮。

右上是最为复杂的情况。无法的秩序中的"无法",可指不存在法律或者事实上不存在法律,或者人们不按法律来行为。比如,Robert Ellickson 提出"无需法律的秩序"。[①] 其实,社会规范取代法律来维持秩序,法律是有的,只是人们都更重视规范,所以,"无需法律"只是法律无法穿透社会,形成"法律不入之地"。Malinowski 笔下的原始社会,虽然没有现代的法律或者司法、执法、行政机构,但也是有秩序的;不仅有刑法、婚姻法,而且还有民法方面的秩序,民间的商品交换也是按照一定的规则来进行。[②]

但更重要的一种形态是指,法律虽然存在,但起不到左上法治的那种作用。虽然有法律条文,但不存在左上那种至高无上的法律。当权者随意运用权力,法律条文阻止不了,权力维系的秩序大于法律,法律只是维系社会秩序的工具。更准确地说,只是维持社会秩序的一种工具。

---

① Robert Ellickson, *Order without Law*: *How Neighbors Settle Disputes*, Cambridge & London: Harvard University Press, 1991.

② Bronislaw Malinowski, Crime and Custom in Savage Society, Totowa, New Jercy: Helix Books 1985 (1926), pp. 9-27.

Nick Cheesman 认为缅甸就是这种情形。[1] 对社会生活方方面面，法律条文规定得都很清楚，法庭也按法律的程序来办事。但所有的决定，或者最关键的决定，是以权力所要维持的秩序为依托和归宿。在这个过程中，"人民公敌"肯定得不到公正的审判，司法裁判充满腐败，只因为要维持特别的秩序。抗争事件被法律以秩序的名义镇压，法律工具主义显露无遗，秩序压倒了法治。"稳定"作为秩序的一种体现，压倒一切，更压倒了具有规范含义的法律与人权。

从根本上说，这样的社会依然是"人治"，属于无法但有序的一种情况。"无法"是指没有左上法治那种不受其他权威挑战的法。在这个社会里，法律是有的，但只是人治的工具。"治"指的就是秩序，即有效的管治。这个社会具有秩序，但不过是权力下的秩序；具备地方性知识的人们，知道什么可以做，什么不能做。

在这个分类下，可以看清法律与秩序关系的不同类型。更为重要的是，不同类型之间是没有逻辑上的内在关系或者进化上的亲缘关系。没有什么力量可以促使秩序大于法律的形态转化到左上法律与秩序的法治形态。有人说司法权力在全球扩张，法院可以成为政治体制转向的关键。[2] 但经验证明，这种情况不具备普遍性。以权力定位的秩序，可以远远大于法律，大于依据法律来斗争的法院和法官。

在不同的类型中，政治对至高无上的法律的态度截然不同。在不同的社会中，也许有称为法律条文和法律机构的东西，但并不代表有

---

[1]　Nick Cheesman, *Opposing Rule of Law: How Myanmar's Courts Make Law and Order*, Cambridge: Cambridge University Press, 2015, pp. 9-10.

[2]　Neal Tate & Torbjorn Vallinder (eds.), *The Global Expansion of Judicial Power*, New York and London: New York University Press, 1995.

相似的治理类型。从社会管治的方式和类型的角度上看,它们走在不同的道路上。显然,秩序大于法治的形态不是处在法律的秩序中云梯的低端,而是向着法律的秩序的方向在爬升,它处在完全不同的云梯上。

　　总之,这种分类从根本上指出,法治与政治密不可分。法治是政治的一种方式,而不是唯一方式。是不是最优的方式,需要哲学家去争论。法律与发展运动试图将法治带到其他政治类型的国家,本文从侧面为它的失败提出新解。

"伤害"是客观的吗？

　　王菲一曲《容易受伤的女人》曾经红遍中国大江南北,意识到自己是否受到伤害,还会是个问题？小孩都知道自己受到委屈。然而,传统的法律教育认为,法律的标准是客观的。法学院训练的目的就是要让法科生像律师一样思考,因为律师有特定的思考方式,法律也有恒定的标准,律师和法官会告知你法律问题的客观答案。问题在于,小孩认为自己所受的委屈是不是能够为家长确认？同理,大人所受的委屈,会不会被法律承认？相反,有没有大人没有意识到却被法律认可的委屈？在电影《秋菊打官司》中,秋菊的丈夫被村长踢了"要命的地方",但法律制度却拒绝给个"说法",而秋菊的丈夫被打伤了肋骨,法律却非管不可,即使秋菊和她丈夫都没有提出要求。伤害的复杂性,由此可见一斑。

　　从常识上可以判断,大量的纠纷是不会进入法院的。每个人在日常生活中都会遇到很多纠纷,这当中绝大多数被压制、转化和消化。如果只将目光聚焦于进入法院的诉讼,甚至是上诉法院的案件,很可能遗漏了冰山下的庞大部分。因此,很有必要知道,纠纷是如何产生的？纠纷又是如何转化的？转化过程可以分成几个阶段？有多少纠纷被分流了？有多少纠纷被压制了？在这个过程中,会受到什么因素的影响？伤害是如何发展成为案件的？在什么情况下才会进入法院？

William Felstiner 和合作者于 1980 年发表的文章认为：纠纷的出现和转型可以分为认知(naming)、归责(blaming)和主张(claiming)三个阶段。[①] 他们指出，并不是所有被认知的伤害会自动地转化成诉讼。在这三个阶段中，当事人都会因为各种各样的原因而不选择诉讼。当然，并不一定所有的纠纷都必须经历这三个阶段。在实践中，这些阶段是不稳定的，并且可能出现回转和反复。但将这个复杂的过程区分为三个阶段，为分析纠纷的转化提供了一个十分有用的框架。

要使纠纷浮现、救济展开，未被认知的受侵害经历必须被认知。这就是认知的阶段。认知常常被认为是理所当然的，但其实可能是这三个阶段中最为复杂的一环。是否受到了伤害会受到无数因素的影响，其实是非常主观的过程。如今人们认为理所当然的伤害，在历史上根本就不是伤害。比如，如今公众认为抽烟有害健康，但在很长的一段时间内，公众认为抽烟会提神，甚至是一种时尚，抽什么样的烟一度是身份的象征和社交的手段。后来，科学和医学的发展使得公众认识到吸烟有害健康，此时，承受"二手烟"损害都可能构成侵权。中国在近代之前，占主导的汉文化会给女子裹脚——清朝的统治者满族是不是有这样的要求，或者他们何时为汉文化同化，是历史学和红学中有趣的问题。在当时的文化环境下，裹脚不可能被认为是伤害；相反，这是美的表现，更是父母为了女儿的前程而做的努力，被视为"爱"。如今父母再给女儿裹脚，即使不构成虐待罪，构成家暴是毫无疑问的。这就是文化因素决定了伤害是否被认知。当然，子女也有认为父母的"爱"反倒是对他们的伤害，而有的父母坚持认为"打是亲，骂是爱"。

由此可知，认知的过程并不是自动发生的，更不是客观和一成不变的。

[①] William Felstiner, Richard Abel & Austin Sarat, "The Emergence and Transformation of Disputes: Naming, Blaming, Claiming……", 15 *Law & Society Review* 631 (1980—1981).

它深刻地受到当时人们所处社会的社会观念、规范和文化的影响，包括当时的法律规定、科学发展的水平以及人们对科学知识的接受程度等。

然而，千万不要认为认知的过程是中立的。不同的人群、组织和机构会对潜在的伤害进行影响。在吸烟有害健康的问题上，烟草制造商试图掩盖在科学上已经证明的两者之间的因果关系。这造就了美国历史上标的巨大同时也是臭名昭著的诉讼案件。[①] 成千上万的烟民因为烟草公司故意掩盖这种因果关系而受到伤害。在环境污染的问题上，制造辐射的责任者对信息的操控也值得关注。有段时间，中国空气中 PM2.5 指数，甚至变成一个外交问题。直至今天，在某些政客主导下的美国政府依然否认气候变暖是由人类活动产生。

"裹小脚"是爱还是伤害？

---

① "Five Most Expensive Court Cases in U. S. History", https://connorreporting.com/5-expensive-court-cases-us-history/, accessed on March 18, 2020.

法律多元和"私了"

"私了"为什么在这时候出现？它与国家的正式制度之间是什么关系？当它不受控制的时候,会产生什么样的后果？"私了"成为新闻,是因为它耸人听闻。然而,从法律与社会科学的角度看,"私了"却是常态。社会上大量的纠纷不是通过法院和警察解决的,而是通过"忍让"以及家庭、学校、教会、团体等社会机构来消化。例如,原始社会中没有法院和警察,纠纷只能通过上述方式消解。而当国家、政府和司法机构出现后,就会出现代表民间权威的社会规范和代表国家权威的法律并存的现象。这就是常说的"法律多元"。

一、 "私了"源于法律多元

有学者最早在殖民地区注意到法律多元的现象。原住民已有一套法律,而殖民者征服之后,会颁布实施宗主国的法律。但是,宗主国法律的颁布、实施并不能消除原住民的法律、社会规范、习惯、习俗等。在社会生活的很多方面,原住民还是按照原来的方式进行社会交往甚至纠纷解决。学术界对法律多元的理解有三大重要进展。

第一，学者们原本以为，国家是统一管理和支配这些民间法的。①
但事实上，很多由民间法影响的行为与国家管理无关，是在国家正式制
度之外起作用。第二，学者们原以为国家法与民间法是两套系统，井水
不犯河水。但事实上，国家法与民间法交互影响。民间法的适用是在国
家法的阴影之下进行的，老百姓选择使用民间法解决纠纷，不是因为愚
昧无知不知道国家法的存在，而是明知有国家法，但选择对他们更有利
的民间法。在两者的竞争中，民间法事实上战胜了国家法。② 第三，包括
欧洲和美国在内的西方学者们本以为法律多元只存在于殖民地区，但后来
发现，在他们自己生活的所谓发达、成熟的社会里，同样存在着法律多元的
现象。③ 在这样的社会里，不仅有国家颁布的法律，还有传统文化带来的
习俗和宗教规则，以及社区、学校、行业乃至各种商业机构和社会团体的
规范。这些规范都在某种程度上约束人们的行为，并作用于纠纷的
解决。

学者们进一步发现，由法院和正式的国家法律来解决某些纠纷并不
恰当。众所周知，司法过程在金钱、时间和精力上成本高昂，不仅诉讼费
和律师费高得令人咋舌，而且大部分司法过程是拉锯战，有的诉讼长达
数年，更遑论执行。而民间的非正式纠纷解决机制可以提供便捷、廉价
的替代方案。此外，民间权威对于某些纠纷更有发言权：他们更熟悉当
地的民情、民俗甚至是当事人的心理，处理的形式也更灵活；他们以平等
而非居高临下的方式来对待当事人，并能够在必要时随时进行调解。在

---

① Anne Griffiths, "Legal Pluralism", in Reza Banakar & Max Travers (eds.), *An Intro-duction to Law and Social Theory*, Oxford: Hart Publishing, 2002, pp. 289, 290-298.

② 苏力:《法律规避与法律多元》,载《中外法学》1993 年第 6 期。

③ Sally Engle Merry, "Legal Pluralism", 22 *Law & Society Review* (1988): 869.

民间权威的主持、调解或者斡旋下,这些替代性的"私了"方式也许更适合解决某些特定的纠纷类型。这样看来,司法或者正义(碰巧司法和正义源于同一英文单词"justice")不一定要由国家或者政府来提供。借用Marc Galanter 的名言:正义存在于不同的空间。①

二、 "私了"的负面后果

"私了"这种思潮直指法律中心主义,即法院并不一定是解决纠纷的最佳场所,需要关注的反而是民间的各种纠纷解决机构。在这种思潮的影响下,美国在 20 世纪 80 年代掀起了"替代性纠纷解决"(Alternative Dispute Resolution,ADR)运动,目标之一是在大小社区和各行各业建立纠纷解决的机制,由社区、宗教、行业、公司的领袖主持。在这种半自主的社会空间里,似乎他们能够提供恰到好处的解决方案。但发展过程事与愿违,到了 20 世纪 80 年代末和 90 年代初,这项运动开始衰落。从表面上看,衰落的主要原因是资金不足,但真正的问题是,这些替代性的纠纷解决机构都缺乏必要的权威,提供的"私了"方案问题重重。

学者 Mitra Sharafi 质疑,杀人者能否因独特的文化特征而减刑?② 典型的案例就是涉及性行为的暴力。例如,一位从土耳其移居澳洲的父亲因为其未成年女儿的婚前性行为而将其杀死,因为这种性行为与

---

① Marc Galanter, "Justice in Many Rooms: Courts, Private Ordering, and Indigenous Law", 13 *The Journal of Legal Pluralism and Unofficial Law* 1 (1981).

② Mitra Sharafi, "Justice in Many Rooms Since Galanter: De-Romanticizing Legal Pluralism through the Cultural Defense", 71 *Law & Contemporary Problems* 139 (2008).

他所持的文化和宗教理念水火不容。又如,美国加州的一位苗族裔男子将社区内的一位未成年少女绑架并强奸,却声称这是老挝式的婚礼。再如,移民到澳洲的一位黎巴嫩妇女因为她的一位男亲戚对她有性举动而将他杀死。她在自辩中声称这在她的文化规范下是合适的做法。

　　普通法系的法院很少接受这些基于文化或者法律多元的“私了”辩护。诚然,这种所谓的文化辩护是非常荒谬的:它将暴力合法化。其实,Galanter 在 1981 年就对这种民间“私了”提出警告:“民间法并非总是意味着和谐与平等。它经常反映狭隘的考量,常常基于强权。它的强迫性可能是严酷和不加区分的,常常缺乏在公共场合存在的保护。”①

三、“私了”可能合法化暴力

　　“私了”的判断标准往往是狭隘的考量:政见的差别、来源地、出身、人种、语言、口音均可以成为攻击的依据。衡量行为的标准不是基于行为本身的对错(what you do),而是做出这些行为的人是谁 (who you are)。这些标准取代国家法,成为“法律”的另一渊源。结果当然要看当时双方力量的对比:它的强迫性可能是严酷和不加区分的。当“私了”横行时,由国家和政府提供的基本保护荡然无存,它的强迫性一目了然。

　　当代国家发展的一个基本趋势是国家权威的强化,这种权威抑制甚

① Marc Galanter, "Justice in Many Rooms: Courts, Private Ordering, and Indigenous Law", 13 *The Journal of Legal Pluralism and Unofficial Law* 1 (1981).

至替代了民间权威。在某种程度上,替代性纠纷解决运动只是田园牧歌式的浪漫乡愁,它在美国的衰落从反面证明国家和正式权威的重要。政府如何重建权威,压制"私了",维持基本的社会秩序,防止非正义行为在国家力量无法穿透的"空间"肆虐,是当务之急。

"荣誉处决"是典型的"私了"

第四章

学科碰撞

法律与社会科学是一门交叉学科，交叉学科就是学科之间的碰撞。它与转换视角一致，只不过学科碰撞指的不仅是方法和视角，还有学科的具体知识。

例如，司法与政治本来就是孪生兄弟。虽然有很多"政法"大学，但专业化硬生生地分开它们。政治学系和法学院泾渭分明，似乎法学院的内容都与政治学系无关。法律制度，特别是法院，好像是不受政治因素干扰的超然机构。其实，将两者结合起来是最正常不过的事情，但如何结合，却需要攀岩的绳索。Mirjan Damaska 提出了著名的四分类型学，是不满足将庭审程序只在技术层面进行分类的成果。他革命性地将政治维度引入，使司法制度同国家形态和国家任务，同法院作为国家机构的功能结合起来。他的分类更有效、更准确地对不同国家和社会条件下的司法程序展开研究。相关的例子也说明，在司法的层面加入政治因素是十分有效的思路。

语言学对法学的冲击也是如此。人们本来理所当然地认为证人证言是充分、重要、客观的证据，但语言学的研究却指出它充满偏见，以至于几乎不可靠，不同的问法会带来极大的差别。话语理论从语言的末梢出发来理解人的行动和目的，法官的判决可以从其如何陈述、如何提问、如何劝说、如何调解中体现出来。心理学对法学的冲击尤其巨大。著名的 Milgram 实验中对权威的理解，直接影响了合法性的研究。

学科碰撞的方法如此有效，以至于有人专门从其他学科的经典理论来寻找研究题目。比如，有人将社会学中 Ronald Burt 有关"结构洞"的研究用于法律如何保护隐私。① 我也曾将 Mark Granovetter 的弱关系理论运用到研究法官如何做决定的课题中。② 经济学的信息不对称及其引起的代理人理论早已广泛地引入法学研究。

　　也许有人说，交叉学科的研究不过是将不同学科的知识混杂在一起，从而缺乏创造性。我国有关法教义学、法律与社会科学的争论仍未平息。其实，只要别的学科知识可以为法学的研究带来创见，研究者有什么理由拒绝呢？拒斥有用的知识最符合抱残守缺和故步自封的定义。古人云：他山之石，可以攻玉！真正的问题是，如何将其他学科的知识与法学问题进行恰如其分地结合？这正是法学研究前进的方向。

---

① Lior Jacob Strahilevitz, "A Social Networks Theory of Privacy", 72 *The University of Chicago Law Review*, (3): 919 (Summer, 2005).

② Xin He and Kwai Ng, "'It Must Be Rock Strong!' Guanxi's Impact on Judicial Decision Making in China", 65 *American Journal of Comparative Law* (4): 841, 2017.

司法如何讲政治？

"政法"不分家,诸如"政法"战线、"政法"委员会、"政法"大学、"政法"工作是我国的传统。但法学研究与政治不可分,同样是西方学术的传统,而且是十分有效的方法。冯象老师常说要将政治与法律结合起来研究,要敢于讲政治。但够胆还不行,重要的是如何讲？如何找到有效的方式,将政治与法学研究熔为一炉？通过什么样的视角和把手,对这个一团混沌的社会现象进行剖析？这不是最早版本的政法法学,用政治口号代替法学研究,也不是诠释型的政法法学,论证政治论断的正确性。将政治与法学结合起来,需要分析性的工具和分类。

读过法学本科的人没有不知道诉讼程序可以分为纠问制诉讼和对抗制诉讼。所谓纠问制诉讼,是法官演主角,负责提出问题,当事人或者律师回答。其中,法官主动,甚至负责证据的收集;当事人被动,律师演配角。一言以蔽之,法官的权力很大。而在对抗制诉讼中,双方律师如决斗中的主角,证据由他们在交叉询问中展示。当事人的角色淡化,在很多情况下只是个证人。法官更像是一个被动的裁判员,负责保持规则公平实施,只在双方违反规则的时候进行干预,法官的权力小。

这个分类基本上对应大陆法系和英美法系的诉讼程序和审判方式。对初学者很有帮助,但又言未尽意。究其根源,这一分类只是对两种诉讼程序的形式特征做出描述，没有将诉讼的形式与国家运用诉讼程序而期待完成的目的联系起来，只讲法律不讲政治。在这个分类下面，中国和欧洲大陆国家的刑事诉讼模式都属于纠问制，但两者的差别无法区分。

这个痛点就是 Damaska 的进场之处。他将法院的诉讼程序扩展到政府的运作模式，用协调型的权威来取代对抗制，毕竟在对抗制中，法官的主要任务是协调；而用等级制来取代纠问制，因为有解决纠纷权力的法官，代表了由上而下等级分明的权威。这就形成了他的类型学中的第一维。在另一维，他加上了国家运用司法程序的目的，即政策执行和纠纷解决。在他的分类中，一维是法律制度，另一维是政治目的，法律与政治完美结合。

	政策执行	纠纷解决
等级型权威		
协调型权威		

图一　Damaska 对司法程序的分类①

有了这两个维度，中国和欧洲大陆国家的审判程序就可以分得更清楚了。中国的司法制度当然强调纠纷解决，但同样重要甚至更为重要的是政策执行。而欧陆国家，包括 Damaska 出生的克罗地亚，可能更重视纠纷解决。在普通法系国家中，虽然基本上都是协调型的权威，但某些国家在某个时期、某些领域，更注重政策执行，而在其他时期或者领域，则更注重纠纷解决。比如，美国总体上是协调型的普通法系国家，但在第二次世界大战时期，特别是在罗斯福总统的压力之下，就更加注重执

① Mirjan Damaska, *The Faces of Justice and State Authority: A Comparative Approach to the Legal Process*, New Haven and London: Yale University Press, 1986, p. 181.

行战时政策。显然,这些都只是理想型,即每个分类中的形态都只在理想状态中存在,而在现实中不存在。现实存在的各种诉讼程序都可能包括这两个维度的内容,只是元素多少存在差别。分类的妙处在于有效地简化现实中复杂的现象。

　　这种法律加政治维度的方法在后来的研究中反复出现。Kagan 本来是研究美国的行政制度的学者,多年来关注政府的决策及其执行,但在转向法院研究之后,用著名的"对抗制法律形式主义"概括美国的司法决定过程。一方面,美国的司法过程是对抗制的;而另一方面,它又特别强调法律上的形式主义,特别遵循法律既定的规则和条文,即"本本主义",很少有规则之外的空间或者余地。就"对抗制法律形式主义"这个概念而言,还看不出法律与政治的交叉,但当 Kagan 将研究范围扩展到比较的领域后,受到 Damaska 的影响,提出了相应的分类。他基本上沿用了等级型权威和协调型权威划分,只是改成等级和当事人影响两类程序模式。关键之处在于,他在此基础上加上政治的一维,即行政和司法决定是通过正式还是非正式的方式来做出? 换言之,他想表达的是法律以外的第三方在多大程度上影响行政和司法决定的过程。是循规蹈矩,还是通过非正式的手段来影响行政和司法决定? 为此,他进行如下分类。

	非正式	正式
等级	专家或政治判断	官僚形式主义
当事人影响	协商/调解	对抗形式主义

图二　**Kagan** 对行政和司法决定的分类①

---

① Robert Kagan, "Adversarial Legalism and American Government", in Marc Landy & Martin Levin (eds.), *The New Politics of Public Policy*, Baltimore: John Hopkins University Press, 1995, p. 81.

这个分类表能够更细致地刻画出司法或者行政决定过程的形态和影响因素。如前所述，美国归入右下类型，中国则更接近左上类型。我国的司法或者行政决定往往是等级的，即当事人拥有的权利在决定过程中相对不重要，而政治判断或是专家起更大的作用。此外，政治判断和专家的影响也以非正式的方式通过多个渠道来影响。在某些行政领域，欧洲国家和日本也大致通过这个形式来影响。

法国、德国等欧洲国家则属于右上类型。在这些国家，等级更重要，即权威更重要，当事人相对不重要，职业法官或者律师有很大的发言权，但外部的影响也必须通过正式的渠道起作用，强调特定的规矩。而左下类型则更像是国际仲裁中的纠纷解决方式，双方当事人通过自己协调或者在一些律师或者仲裁员的主持之下进行调解。当事人的自主权很大，外在的影响力通过非正式的方式渗透进来。

由此可见，Kagan 的分类细致到一个国家不同行业的决定过程。其中，最关键的突破就是将政治的维度和法律程序加以结合，这与他多年在政治系任教以及他作为政府律师的背景不无关系。

我也得益于将政治与法律结合的方式。前人关于陪审团和陪审员的研究得出一个很有意思的规律——只要陪审员与专业法官一起做决定，陪审员基本上不起作用。只有两者分开做决定，陪审员才能相对地起作用。这个规律其实很好理解。当没有专门知识和经过训练的陪审员与职业法官同时在一个房间或者一张桌子讨论问题时，不管法律如何规定他们的权力，职业法官的声音肯定更大。不管是实体问题还是程序问题，职业法官都远远超过陪审员。陪审员可能对某些问题有直觉的判断，但往往也经不起职业法官的解释和说服。这里面存在着 Damaska 提到的等级型权威。而当法官与陪审员分开，由陪审员单独做决定时，这种等级型的权威就没有条件完成，等于成就了平行型权威。

当然,要对陪审制度的作用进行比较研究,这个规则显然还不够。如果陪审员和职业法官是否分开做决定只是法律的一维,尚缺少的就是政治的一维。通过阅读文献和思考,我加上了权威类型作为另一维,形成以下分类。

	混和	分开
等级型权威	中国、古巴等	俄罗斯等
协调型权威	德国、法国等	普通法系国家

图三　贺欣对陪审制的分类①

显然,作用最明显的是普通法系国家的陪审团。陪审员不仅是与法官分开,单独做决定,而且做出的是罪与非罪等最重要的决定;量刑这种相对次要的决定反而交给法官去做。在政治体制上,国家运用司法机构的目的是纠纷解决,而不是社会控制,所以法院拥有更多的权力来做决定,由此形成最有效的决定权。而在社会主义中国和古巴的主要时期,陪审员不仅与法官一起做决定,而且司法的目的更多是维持社会公平、稳定。因此,陪审员参与决定的能力就很弱。这也就解释了为什么我国的陪审员长期以来被一些人认为不过是"花瓶"而已。

实际上,法律与政治的结合,在法律与社会科学研究的鼻祖韦伯那里已经有所体现。在对法制类型的著名的分类中,他将正义分成形式正义和实质正义,将说理的形式分成理性和非理性。

---

① Xin He, "Double Whammy: Lay Assessors as Lackeys in Chinese Courts", 50 *Law & Society Review* 733 (2016).

	形式正义	实质正义
理性	欧陆法治	
非理性		所罗门王案

图四　韦伯对法制的分类①

从这个分类中单看这两个维度，好像没有法律与政治维度的区分。但细心的读者会发现，左上"理性的形式正义"，即今天西方国家主流的法制模式，是法治的纯粹形态：不仅程序上严格按规则办事，而且必须给出理由，能够让正常人可以理解。其他三种类型，或多或少都涉及政治的因素。政治的影响在右下"非理性的实质正义"中体现得尤其明显。所谓非理性的实质正义，是不需要在程序上苛求规则。决定的根据是某种特别的智慧，或者特定的道德或者政治原则。最具代表性的例子是圣经中所罗门王如何裁定两个妇女对小孩的争夺。两个妇女都说自己是真正的母亲，但当所罗门王假装要将孩子分为两半时，真正的母亲马上说："我不是孩子的母亲。"所罗门王做决定的依据仅是这点非常独特的事实，给读者的印象的确很有智慧，但却充满着随意性。包括两位妇女在内的其他人都无法预知所罗门王会挑选出这点事实来作为依据。此外，所罗门王所用的裁判方法在同类的案件中不能重复使用，否则，两个妇女都会异口同声地说："我不是孩子的母亲。"

因此，韦伯的这个分类实质上也是政治与法律的结合。法治最多的部分在左上部分，而政治的元素向外发散，只不过政治和法律没有分布在两个维度上而已。

这种分布的方式，在 Rachel Stern 新近的研究上也有体现。她研

---

① Max Rheinstein (ed.), *Max Weber on Law in Economy and Society*, Cambridge：Harvard University Press, 1954, pp. 224-255.

究一党制国家中司法决定的方式。她将是法官还是政治精英来做决
定作为一维，而将是否严格按法律来做决定作为另一维，即一维是法
官在多大的程度拥有自主权，另一维则是法官做决定时对法律的忠
诚度。

	法官	政治精英
严格依法	法条主义	
非正式规则		强加的方案

图五　Stern 对一党制国家中司法决定过程的分类①

　　显然，左上类型是法治最纯、最多的地方，而与之相对的右下类型，
则政治因素弥漫。左上类型是法条主义，则右下类型是强加的方案。政
治的影响呈扇形地向外扩展。她认为，在左上和左下的交叉之处，法官
有一定的空间来做相对自主的决定。

　　司法与政治相结合的关键之处，是在法学研究上加入政治的维度。
它可以对原来的分类进行细化，或者道出原来没说清楚、仅是暗含的假
设，这些研究拓宽了原来研究的边界，甚至形成路径突破。

　　这类研究困难的地方也许是如何找到政治的维度。Damaska 添加
的是司法制度的目的，即纠纷解决还是社会控制。Kagan 添加的是政治
力量对司法决定的影响是正式的还是非正式的。我添加的是国家的政
治体制。其实，这些地方都可以再斟酌。比如，在我提出的陪审员的分
类中，是不是也可以沿用 Damaska 的纠纷解决和社会控制？这也可能是
另外一条出路，或者另外一篇文章。关键点在于，在具体的研究场景中，
什么样的政治维度更贴切、更适合做经验材料？

---

① 　Rachel Stern，"On the Frontlines：Making Decisions in Chinese Civil Environmental
Lawsuits"，32 *Law & Policy* 79（2010）．

来自语言学的冲击

法律和语言是一个非常新的研究领域。它从 20 世纪中期开始出现,最大的突破是在 20 世纪 80 年代出现。它最早局限于从技术上研究法律文本的语言。这些技术首先运用于文学领域,比如通过虚词出现的频率来辨别《红楼梦》前 80 回与后 40 回是否出自同一作者。如今,同样的技术还运用于鉴别当红作家的作品是否出于"捉刀"。在法律领域,这些技术可以用来考查宪法和法律文本中的用语是否含有歧义,语法是否规范,法律翻译是否准确等。比如,为什么一些合同法的专门术语译成中文以后在我国不同地区存在不一致等主题,就属于技术研究。

技术性研究的突破很快就被应用于研究法律制度中的不平等。在语言使用的背后,往往存在着社会分层和权力关系。技术性研究将语言的使用作为区分社会分层的变量,表明语言不是在人群中随机使用的,不同社会层次的人使用语言的方式是不同的;有些人在社会中处于不利的位置,可以从他们使用的语言中清楚地表现出来,成为其身份的表征。

一、 强者和弱者的语言

从 20 世纪 70 年代开始,杜克大学的研究团队对北卡罗来纳州法院的庭审过程进行长期的观察和记录,以探求不同阶层的当事人和其使用的语言的关系。这个团队发现了两种语言风格——强者风格和弱者风格。强者的语言风格直接、提纲挈领、果断、理性,而弱者的语言风格显示试探性、小心翼翼、不自信,往往很礼貌、谦卑、夸张、间接和感性。O'Barr 给出了如下弱者词汇清单①:

- **修饰语**:我想,大致上,在我看来。

- **礼貌用语**:先生,女士,"请"。

- **迟疑用语**:没有特别实质含义而只是用于填补说话中的可能的停顿的用语,如"啊""好"。

- **问句的语调**:"第六个吗?"

- **过度地使用强化词**:很,确定,肯定是。

在词汇清单的基础上,杜克大学的研究团队进一步从经验上验证了人们使用这类词汇的频率与职业、身份的关系。在社会上身份地位高的人,使用这类词汇的频率低;而身份地位低的人,使用这类词汇的频率高。通过对六个证人在庭上发言的比较,使用得最多的是救护车上的护理人员,而最少的是病理分析师。显然,前者基本上听别人的意见行事,而后者是一名专家,对自己的领域有相当的发言权。

---

① William O'Barr, *Linguistic Evidence: Language, Power, and Strategy in the Courtroom*, New York: Academic Press, 1982, p.127.

二、 语音与社会地位

在 Labov 关于语音和社会地位的研究①之前，人们认为语音只在人群中随机分布使用，与身份地位没有关系。Labov 巧妙地选择了纽约地区三个层次的百货商店，针对销售人员"r"的发音展开研究。在新英格兰地区，上流社会往往对"r"音发得特别强。他的假定是，这些销售人员的语言特征基本上与他们商店中的主流顾客一致，因为这样才能够更好地服务于顾客。这个假定非常贴近真实。比如在香港，在内地游客特别喜欢光顾的鳄鱼牌专卖店，店员的普通话说得十分标准；而在本地的菜市场，很多店主不会说普通话，因为几乎所有的顾客都说粤语。

Labov 明知女鞋在四楼卖，却派研究人员前往其他各层问售货员这样一个问题："Excuse me, where are the women's shoes?"（对不起，女鞋在哪儿卖?）研究人员会特别注意当售货员回答"Fourth floor"的时候，是不是强调"Fourth floor"中的"r"音。在得到第一次回答以后，研究人员会装着没听清，追问道："Excuse me?"这时售货员就会再次回答："Fourth floor"，而且往往更细致、更强调地将"r"音发出来。Labov 随后做了统计，发现不同百货商店的销售人员对"r"音强调的比例有明显的差别：在高档的 Saks，比例高达 64%；在中档的 Macy's，比例是 51%；而在低档的 Klein's，比例仅仅是 20%。

这个研究设计得十分有趣，发现也是一目了然。它有力地表明，语

① William Labov, *The Social Stratification of English in New York City*, Washington D. C. : Center for Applied Linguistics, 1996.

音不是随机分布的,而是在不同的社会层次,某些发音会成为表征。换言之,不同的发音可以表明人们所处的不同的社会阶层。如果说指纹是个人身份的记录者,那么发音可以视为"唇纹",表明了一个人的背景和来历。这一发现很快被运用到法庭中。一个人的说话方式无一例外地与其社会地位、身份、来源地有关。他在法庭中的证词可能是客观的吗?法庭审判中难以避免方言和不同语言翻译的问题,翻译员能够中立、客观地将当事人的意思表达出来吗?

三、 证人证言的准确性

证人证言在庭审中的重要性不言而喻。在中国的刑事审判中,随着口供的作用下降,证人证言越来越重要。而在英美法系国家中,庭审过程中最重要的环节是由律师来对证人进行交叉询问,而律师发问的方式会对证人的答案有很大的影响。例如,Loftus 和她的同事的研究发现了一系列心理语言会改变证人的记忆。[①] 其中,最有名的实验研究是将句子中的定冠词"the"替换为不定冠词"a",目击证人往往会回忆起一些"从来没有发生过的事情"。Loftus 首先让两组参与实验的人员看同一段撞车事故的录像,然后问其中一组参加人:"Did you see a broken head-light?"而对另一组参加人问道:"Did you see the broken headlight?"两组得到的结果大相径庭:后一组(the broken headlight)回答"Yes"的比例远远高于前一组(a broken light)。两个问题的差别仅仅是将"a"换成了"the",但这点微妙的差别在心理上却是至关重要的。后一个问题假定

①　Elizabeth Loftus & Guido Zanni, "Eyewitness Testimony: The Influence of the Wording of a Question", 5 *Bulletin of the Psychonomic Society* 86 (1975).

被撞坏的车头灯的存在，译成中文就是："你有没有看到那个撞烂的车灯？"而前一个问题仅仅是问：你有没有看到车灯被撞坏？这个预先假定车灯被撞坏的问题，影响甚至改变了证人对事实的回忆以及在法庭上的证言。事实上，这已经是不同的两个问题。

在类似的实验中，Loftus 发现，在发问时仅仅替换一些动词，参加实验的人员也会对事故的细节给出不同的回答。比如，在放完撞车的录像以后，对第一组观众问道："About how fast were the cars going when they *smashed* into each other?"而对第二组观众问道："About how fast were the cars going when they *hit* each other?"答案在 25 英里至 55 英里之间分布。不出意外，第一组（smashed into each other）观众估计的平均车速远远高于第二组（hit each other）观众估计的速度。两者的差别仅仅在于，第一个问题用的动词是"smash"，意指"砸烂"，假定两车相撞的速度之快；但第二个问题用的动词仅仅是"hit"，意指"碰撞"，并没有相撞速度方面的强烈暗示。一周以后，Loftus 问同样的观众："你们有没有看到任何打碎的玻璃？"其实在录像中根本就没有任何打碎的玻璃。但是，被以"smash"发问的第一组观众中认为有碎玻璃的数量是第二组的三倍之多。人们自然认为，碎玻璃在速度更快时产生。因此，在很大的程度上，记忆与发问的方式有关，与事后得到的新的信息有关。记忆不是对具体事件的不变记录，而是不断受外部信息影响而改变的一个过程。今天证人这么说，明天可能会改口。对事物的理解也一样，人事如同车轮，好像在不停地重复，但每个人的理解也不完全一样，也在不断地发展，它受制于新信息的出现和提问的方式。

这方面的研究在法庭取证方面有很广泛的运用，尤其在中国，运用的前景十分广阔。在庭审过程中，不仅适用于研究律师如何询问证人，更可以拓展到法官如何对证人和当事人进行发问的研究中，因为后者在中国的庭审过程中更为重要。此外,也可以运用到公安机关、检察院对犯罪嫌疑人的讯问中。例如,通常所说的"诱供"是如何发生的?中国讯问的模式与西方有什么不同?同理,律师和当事人之间的对话,也可以成为绝佳的研究对象。

话语中的权力

语言限定了思维的走向。说什么样的语言,用什么样的词,怎么样去表述,背后代表着怎样思考和如何行动。因此,语言的使用就可以揭示人对某一些问题的理解;对某些语言的使用,也代表着背后的基本权力关系。语言于是成了话语。按照 Foucault 的定义,话语指的不仅是谈话本身,更是人们谈论事物的方式;这个方式与人们思考该问题及对其采取的行动相关。这种讨论方式不仅建构了被讨论的事物,而且彰显了讨论者与听众的权力关系,因此话语是权力的核心。它一方面描述了人们的表述方式,但更为重要的是,为什么人们会使用不同的话语?不同话语之后的文化、政治和社会力量是什么?

话语的选择不是任意发生的,是由特定的社会中一系列相互联系的词汇和含义系统组成的。话语不是个体和怪异的而是共享的文化的一部分,话语植根于特定的机构之中,并反映它们的文化,行动者在可选择的话语的结构之中运作。它不是不可以改变,只是改变本身需要一些条件,如说话者的创造性和社会文化含义的变化。

先举一个简单的例子,"美国"的英文名称为"The United States",但"The United States"是复数还是单数?这是一个很简单的英文问题。如今,"The United States"显然是单数,因为它是特有名词,指代的是"美国"。它虽然是由各州组成的,但指的是作为整体的一个国家。可是在美国 18 世纪成立后到 19 世纪中期,在美国联邦政府的文件上用的都是复数。这表明,国家成立后有了一套联邦体系,可是大家还认为它只是一个邦联,还不认为是个实质上统一的国家。虽然有联邦政府,但更重要的是要强调各州是分开的,是相互独立的。所以,"The United States"是复数。这个简单的例子说明,语言的使用是非常微妙的。而且,在这细微的差别背后就会展示出对这个事物本身的理解。同理,将中国称之为"China"、大陆还是内地,背后当然带着不同的文化和权力意涵。

再举一个常见的例子。老师将墨水泼向坐在第一排的学生,这可能引起纠纷。对于这个纠纷,可以用法律的方式来讨论它——老师对学生有侵权行为,这就是法律的话语;也可以用道德的方式来讨论——老师缺乏爱心,不够爱护学生,这就是道德的话语;还可以说是老师借自己的地位来欺负学生,那就是社会政治权力的话语。当然,还可以用其他的方式来讨论。如果老师来自香港,学生来自内地,可以包装成内地与香港师生之间的矛盾。如果老师是男性,学生为女性,则可以包装成一个女权的问题,即男性压制女性。由此可见,对事物或者问题不同的讨论方式会形成不同的话语,用不同的话语来讨论这个问题,就显示了对这个问题的社会文化含义的话语争夺,权力关系也就在这个过程中得以显现并得到强化和再生产。

人们普遍认为,在法庭上,法官和律师基本上运用的都是法律话语。但是,Sally Merry 发现,美国基层法院的工作人员使用的不完全是法律话语。① Merry 在美国东北部地区法院旁听庭审和访谈当事人,她主要是听一些大家都看不上眼的琐碎的"垃圾案件",如邻里纠纷,年轻人之间的打斗,男女朋友之间或者家人之间的家暴等纠纷。当地人称为"垃圾案件"。她总结了三种经常使用的法庭话语,即法律话语、道德话语和

① Sally Engle Merry, *Getting Justice and Getting Even*: *Legal Consciousness among Working-Class Americans*, Chicago: University of Chicago Press, 1990, pp.110-133.

疗伤话语。美国基层法院的法官和工作人员基本上用这三种话语跟当事人交谈。第一种是法律话语，就是指按法律的方式来理解事情，如法律规定应当是怎么行事，这么做是不是符合法律，法律要求怎样做，所以当事人该怎样做，它的价值正当性来源是法律，就像科学话语，是否健康则由科学来规定。第二种是道德话语，就是指应当按照道德的要求去衡量人们的行为，如应当付赡养费、照顾未成年人、不应当打人或者有外遇等。第三种是疗伤话语，即通过安慰、说服的方式来抚慰双方的伤痕。比如，丈夫殴打妻子是因为他在外面压力很大，所以妻子要考虑他的感受，相互容忍，这样才可以把日子过下去。这套说辞是想办法去修补夫妻之间的关系，即治疗性的表达。

当各种话语出现在同一场合时，它们之间就会产生交锋和竞争，使得讨论的问题被引导和操控，自然形成了征服和抵制的过程。这种结果的形成就与后面的权力关系有关，而且以话语的方式表现出来。话语研究的重点就在于通过这些话语来理解后面的权力关系以及相关各方征服、抵制、转化及形成的后果。

"单数还是复数"包含政治意涵

话语的交锋

　　话语的分类看起来平淡无奇,但一旦有了这些分类作为基础,就容易理解话语的交锋、话语的竞争、话语的不对称及带来的问题和后果。

　　争夺话语主导权的现象,早在20世纪80年代初期就已经被发现。比如,Yngvesson发现司法人员通过确立什么是优秀的公民、好的邻居、负责的父母、听话的孩子等标准来影响当事人对行为的理解。这种话语使社区中某些人的利益得到保护,也将问题控制在一定的范围内。① 又如,Merry提出初审法院中常用的法律、道德和疗伤话语。② 她在实地调查中注意到,当事人到法院的时候,往往是带着特定的问题来的。房东认为房客的行为很糟糕,而法院的工作人员却只是回应某些跟法律有关的问题,而忽略其他问题。换言之,当事人的问题中包括法律和道德的要求,但法院可能仅仅是以法律的话语来回应。通过话语的交锋,法院将当事人的纠纷进行了重新表达和定义,有时甚至转化了他们的纠纷。这个过程显示了双方对如何建构纠纷含义的话语争夺。当事人有自己

---

　　① Barbara Yngvesson, "Inventing Law in Local Settings: Rethinking Popular Legal Culture", 98 *The Yale Law Journal* 1689 (1989).

　　② Sally Engle Merry, *Getting Justice and Getting Even: Legal Consciousness among Working-Class Americans*, Chicago: University of Chicago Press, 1990, pp. 110-133.

的需要和理解,而法院有另一套理解和需要,法院最后处理的纠纷可能已经不是当事人想解决的问题。简言之,法院将当事人提出的问题作为案件来处理。案件是法院可以处理的,而很多问题不是,这种回应方式显然导致许多当事人的不满。

这种情况在 Sarat 和 Felstiner 关于离婚律师的研究中同样存在。[①] 准备离婚的当事人找到律师时大多是满腹委屈和满眼泪水,滔滔不绝地攻击和数落配偶。这些人会聚焦于配偶的性格、人品方面的问题和缺陷,以此来解释婚姻的失败、推卸责任和赢得同情。面对这些当事人,律师在绝大多数情况下都保持沉默。他们不会积极地认同客户的声讨,否则就会卷入与离婚无关的领域,浪费时间,他们也不具备这方面的专业知识。他们也不会去挑战这些说法,否则就会影响与客户之间的关系和信任。于是,他们仅仅回应很小的一部分事实,局限于那些与离婚过程有关的事实,或者给出离婚过程中有关的法律建议,而且往往强调普遍的情况和事实,而不是某个特定的当事人提出的具体要求和动议。[②]

与上述法院的情况类似,律师通过话语的交锋也重新定义和表述了当事人的要求。这样形成的结果就是,他们往往无法回应当事人在道德方面得到补偿的强烈期望。用 Griffiths 的话说就是:"律师和当事人面对的是两种不同的离婚:律师面对的是法律的离婚,而当事人面对的是社会的和情感的离婚。"[③]

这种情况显然不仅仅局限于美国。在 20 世纪 90 年代我还在北京上大学的时候,从律师事务所实习回来的室友分享了这样一则故事。在

---

① Austin Sarat & William Felstiner, "Law and Strategy in the Divorce Lawyer's Office", 20 *Law & Society Review* 93 (1986).

② 这一点在电影 *Marriage Story* 中清楚地呈现出来。

③ John Griffiths, "What Do Dutch Lawyers Actually Do in Divorce Cases", 20 *Law & Society Review* 135 (1986).

律师不在办公室的时候,他接待了一位中年女士。她哭诉道,她的丈夫如何对不起她,她是多么不幸。当我们这些大学生不断地表达同情但又无所适从的时候,律师回来了。他简单地问了一下情况,然后说:"把家里的抽屉撬开,把存折拿到手。"这就是法律话语与道德话语交锋的例子。

在我和吴贵亨的研究中就发现,中国内地法院中话语的交锋比比皆是。[①] 一位申请离婚的中年男子在最后陈述时有如下表述:[②]

【原告】 事实上,我不想离婚。我们曾经一起畅想过美好的未来。经过这么多年的争吵,我们谈过,也试着努力挺过来。现在,真的是**无路可走**了。

【法官】 所以你到底想不想离?

【原告】 我坚决要离。

原告用"无路可走"这样的套话来表达他对于离婚是多么不情愿:虽然他想走下去,但是他没有办法(无路可走)。他这么说暗示了他并不是婚姻破裂的罪魁祸首,从而试图避免离婚带来的谴责。这种道德话语在改革开放前是非常典型的。过去的法官也许会就为何"无路可走"询问原告,并试图鼓励原告将婚姻经营下去,这就是疗伤话语。但在改革开放后,法官仅仅是冷漠地回应原告:"所以你到底想不想离?"这是典型的法律话语与道德话语的交锋。在这场交锋中,胜负一目了然。意识到法官没有心情说教,原告立刻卸下了道德上的伪装,清晰地回答道:"我坚决要离。"

在很大程度上,话语的竞争是纠纷解决的前置步骤。Comaroff 和

---

① Xin He & Kwai Ng, "Pragmatic Discourse and Gender Inequality in China", 47 *Law & Society Review* 279 (2013).

② *Ibid.*, pp. 288-289.

Roberts 发现当纠纷的一方构建纠纷范式时,另一方要么接受和遵从这种纠纷范式并在该范式下进行争议和磋商,要么构建新的范式。在后一种情况下存在范式的竞争,此时不会直接进入事实的争议,只有当范式竞争终结才会进入实质问题的冲突。①

　　这种现象同样也发生在司法纠纷解决的语境中。例如,法庭需要有诉讼代理人出席,很大程度上是为了使法官可以直接与法律专业人士在统一的纠纷范式下展开有意义的对话,从而避免了法官和无法使用法律话语的诉讼当事人之间潜在的话语竞争。由于纠纷话语天然具有竞争性,当纠纷双方在纠纷范式上难以达成一致时,话语就会呈现不对称的状态。究其原因,既可能是纠纷一方当事人拒绝遵从另一方当事人(通常也是更强势的一方)确立的范式,也可能是一方当事人并非真心想要解决纠纷,仅仅是试图引入不同的纠纷范式以回避纠纷中的实质问题。

道德话语与法律话语的交锋

---

①　John Comaroff & Simon Roberts, *Rules and Processes*, Chicago: University of Chicago Press, 1986, pp.5-21.

盲从权威

为什么绝大多数人会接受法院的决定，警察的执法，甚至小区保安的指挥？为什么小孩会听父母的话？学生又为什么会服从老师？如果说服从法院和警察是因为有随之而来的强制手段，那么小区保安的安排为什么也会得到服从？这明显不是因为后者在体格或力量上更具优势。听老师的话，也不是因为老师时时会用分数对学生进行惩戒。

一、 合法性使权威得到服从

法律之所以得到服从和执行，一个重要的原因是它存在"合法性"（legitimacy），即对某种权威的自愿服从。这不同于奖惩，也不同于"同侪压力"，而是一种内心认可权威正当性的感觉，认为权威具有发出指令的权利，而相对人有服从命令的义务。小区保安身穿一身制服，则代表了这种权威以及其带来的合法性。

社会学奠基人 Max Weber 认为,权威有三种来源。① 第一种是魅力型,即权威具有特别的人格魅力或者超绝的才能。大小宗教和国家的创建人往往都是这样的权威。第二种是传统型,权威按照某种方式传承下来,天不变道亦不变,大家自然服从。继承王位的君主大多属于此类。第三种是理性型(rational),权威通过社会接受的方式,为达到特定的目的而产生。这显然是现代社会权威来源的主要方式。法律社会学家 Niklas Luhmann 就第三种权威做出了进一步的阐释:它是一种对内容尚未确定的决定表示接受的意愿。他明确地指出了现代合法性中起决定性的程序要素。合法性导致了公众对法律的遵从,不是因为其内容或者立法者的特别魅力,而是因为制定法律的方式。②

二、 合法性因时空而变

显然,这种权威因时空而变。当人们突然失去对某个机构的信任时,当人们发现办公室的指令是狗发出来时,当某种仇恨被释放出来时,当突发事件引发某种情绪时,合法性就会崩溃。从历史和比较的角度上看,这就是为什么有的政府会突然倒台,而有的社会运动悄然而逝。对权威的笃信和瓦解,往往是转瞬之间,这恰恰证明了权威的盲目性。

---

① Max Rheinstein, ed., *Max Weber on Law in Economy and Society*, Harvard University Press (1954), p.4.

② Niklas Luhmann, *Legitimation durch Verfahren* (1969), p.28. 转引自, Lawrence M. Friedman, *Impact*, p.189, Harvard University Press.

第五章

边界开拓

徐悲鸿画猫，形神兼具，但没人天生就是大师，他也是边画边学。有幅作品是猫蹲在岩石上，眼睛盯着右前方，右前脚向前远远地伸出；猫爪子上来的腿部是黑色的。行家说，初稿中黑色的部分就是爪子。但友人提醒他，这个前腿伸得不够长，没有把猫的形态表现到极致。悲鸿先生从善如流，大胆地将原来的爪子涂黑，再在涂黑部分的前面加上一个爪子。这时，猫专注的眼神、直竖的耳朵、翘起的眉毛、有力的尾巴，与伸长得近乎夸张的前腿，融为一体。

　　这点改动突破了常识的边界，这在法律与社会科学的研究中也经常看到。前人已经建立了范式，修好路、搭好桥，后人可以做出贡献的地方，是把路修得更多、更远，直到极致。从学问的标准上看，只要踏入未知的领域，提出新的知识，就是贡献。这种开拓也可能是一座小桥、一条分岔路、一条延长线、一个死胡同，它们可能为新的范式突破做准备。

　　Katherine Young 研究斗鸡人的法律意识，就是典型的例子。斗鸡早就被前人研究过，法律意识也是老题目。作者提出要关注次级影响，也是从心理学和哲学知识借用过来的。坦率地讲，法律意识受周围人的影响是常识。但就在这条路上，Young 将其他学科的知识熔为一炉，与新的经验材料结合，做出很有意思也很有价值的研究。

　　日本人厌讼也是一个老问题。当学者们在争论到底是受到文化因素、制度因素还是行政因素，或者是政治因素影响的时候，没有直接过硬的证据。Tom Ginsburg 及合作者用经验数据来检验，虽是沿着前人提出的道路前进，但大大增加了这个问题的理解，拓宽了文化和制度争论的边界。

　　同理，男女之间的不平等是古老的题目，但如何体现在司法的过程里面，却鲜有研究。O'Barr 和 Conley 发现男女说话的不同规律，而且这种方式影响法官和陪审团的决定！这是女权主义法学的思想在经验世界的直接证据。类似地，人们通常会强调社会、经济和文化中的男女不平等，但却很少怀疑法官、法院的男女不平等，因为本来就应当提倡男女平等和保护女性的。运用经验的数据，研究者证明法官不仅没有保护女性，而且在离婚过程中变本加厉，甚至强化这种不平等。

斗鸡人看法律

斗鸡在美国夏威夷有上百年的传统。由于牵涉虐待动物和赌博,立法明确其为非法活动。尽管法律有明文规定,但斗鸡在夏威夷还是定时进行——最大的斗鸡比赛往往吸引数百人关注。脚上绑着锋利剃刀的公鸡斗得你死我活,而事先下注的鸡民和旁观者则大声呼叫,盛况空前。

伟大的人类学家 Geertz 对巴厘岛斗鸡活动中的警察袭击现象进行了经典的描述:斗鸡人四处逃散,"鸡"飞狗跳。但在夏威夷,法律执行的情况完全不同:早上 9 点半至 10 点就开始的斗鸡活动,到 11 点半时明显地慢下来。有的鸡民不想被捕,就花 200 美元雇人来完成比赛。警察通常穿着便衣混在看客当中,他们在 12 点至下午 2 点出现,象征性地抓捕一两个鸡民,罚款 400 美元了事。经过上午小规模零星斗鸡的人们等待乃至欢庆这一刻的到来,因为警察一旦出现,再次袭击的机会几乎等于零,警察的象征性抓捕等于宣告当天的绝对安全。如果警察迟迟不来,鸡民们反倒变得无聊甚至急躁。为什么还不来?今天的情况有什么不同?会不会有更大的袭击?下午的活动怎么开展?

一、 非正式规则

Kathryne Young 关于斗鸡的研究，是近十年来法律与社会科学研究中的一朵"奇葩"。① 围绕斗鸡活动，明摆着两套制度：正式的法律界定斗鸡为非法活动；而在另一套非正式的制度下，斗鸡活动正常、定期、有序进行。警察不仅仅是正式制度即法律的执行者，也是非正式制度的参与者：正是由于他们的执法方式，人们才会放心地活动。

虽然没有鸡民希望自己被抓，但对警察基本上持正面的看法："只要咱们尊敬警察，警察也会尊敬咱们。"②具体而言，就是"不要让警察等得太久，不要抵制拘捕，不要将毒品带入斗鸡场"。③ "不要骗他们。如果让他们扑了个空，他们可能被惹恼。"④"警察也只是工作，而且需要完成规定的工作量。"⑤一言以蔽之，在非正式的规则下，双方相安无事，"人人都知道游戏的规则是什么"。⑥

二、 大抓捕

大约几年前，警察有一次突然偏离遵循了几十年的惯常做法，抓捕

---

① Kathryne Young, "Everyone Knows the Game: Legal Consciousness in the Hawaiian Cockfight", 48 *Law & Society Review* 499（2014）.

② *Ibid.*, p. 512.

③ *Ibid.*, p. 510.

④ *Ibid.*

⑤ *Ibid.*, p. 513.

⑥ *Ibid.*

了一部分但又不是全部的主要斗鸡人。抓捕没有发生在斗鸡场,而是由穿着制服、全副武装的警察,在斗鸡人的家里或者工作场所将人带走。警察显然经过了很长时间的调查和准备,有的斗鸡人甚至被控告了诈骗之类的重罪。最后,虽然只有一位斗鸡人坐了牢——他有重罪的前科——但几乎所有的被捕者都支付了几千美元的罚款,还有人面临长达370年监禁的控告!

这些被捕的鸡民对警察的看法则是另外一番说辞:"警察才是诈骗犯!大抓捕肮脏极了!无端把我们送进牢里!"这些人对法律制度的态度极其负面:"我不相信这个制度中的每一个人,包括我自己的辩护律师,因为他们穿同一条裤子。"①"我再也不会帮助警察了,除非我是犯罪现场唯一的证人。"②"我要是陪审团成员的话,我就会说被告人无罪,即使我不喜欢那个家伙。我绝对不会再帮警察!"③

和其他普通的斗鸡人一样,这些被捕的斗鸡人都不认为自己是违法分子,更不认为自己是懒惰的赌徒。斗鸡不仅是传统,还是日常生活的一部分。那些没有受大抓捕影响的斗鸡人,对这次行动只是轻描淡写:警察的这次行动是挺奇怪的,但在其他场合,他们好像还是按规矩来。

三、 次级视角

同是斗鸡人,为什么由于遭受不同的境遇,就会对法律制度产生截

---

① Kathryne Young, "Everyone Knows the Game: Legal Consciousness in the Hawaiian Cockfight", 48 *Law & Society Review* 515 (2014).

② *Ibid.*

③ *Ibid.*

然不同的看法？什么行为可以接受？什么是合法或者非法行为？什么
是正当的？什么是过线的？什么是人人知道的规矩？本来警察的行为
是可以预期的：在特定的时间，以特定的方式进行，警察甚至成了所谓非
法的斗鸡活动中不可或缺的一部分。但警察突然加大打击力度，对一些
斗鸡人进行严惩，就会引发斗鸡人对法律的负面印象，甚至挑战法律的
合法性。

　　Kathryne Young 认为需要通过"次级视角"来理解法律意识。如果
初级视角是个人自己的看法，次级视角则是个人的看法如何受到周围人
及其行为的影响。斗鸡人的法律意识，不仅源于每个人对警察行为的
解读，更是大家对警察行为共同解读的结果。它同警察参与实施和维护
非正式规则的措施不可分离。斗鸡人明知自己的行为是违反法律的，但
并不认为自己是违法者。他们认为，只要自己遵循非正式的规则，在人
人皆知的"非法"范围之内，这些行为就是正常的、有序的，甚至是有益
于社会的。实际上，斗鸡人也不是铁板一块，不同经历的斗鸡人对警察
和法律制度的看法也不同。

　　因此，法律意识不是同质和静态的，它不同于社会规范，也不是同侪
压力，而是动态、变化和互动的。其实，对法律、国家、政权的看法怎么可
能不受周围人的影响呢？这好像是常识。但研究法律意识的难点在于，
它太主观易变了，因此必须想办法把它固定住。于是，有人从特定类型
的人员，从身份、阶层、阶级、工种、社会地位开始研究。但即使在同样的
工种中，也有不同的变化。Young 强调的是过程，而不是类型，她因此引
入动态的次级视角。

　　把常识变成学问，好像只是一小步，但只有融会贯通，才能抽身而
出。Young 的次级视角来自哲学和心理学中的次级观念，即人们对其他

人想法的看法。把次级观念用到法律意识的研究，却并不是简单的事。Young 在选择斗鸡作为研究对象的时候，可能只是受到 Geertz 的启示，但将这个项目完成，却必须是对已有的法律意识甚至法律与社会科学的主要研究吃透。在她的笔下，次级视角中的法律意识与非正式规则、法律多元、合法性和程序正义、身份与法律意识等研究熔为一炉。比如，法律多元若要克服理论的短板，就需要与动态的、主观的法律意识相结合：人们到底看到了哪一元的法律？或者说，哪一元的法律才真正对人的行为和想法产生影响？

四、 斗鸡研究的启示

Young 对斗鸡人法律意识的研究带来了诸多启示。在中国，与斗鸡行为类似但又不完全相同的故事不胜枚举。徐建华和蒋安丽研究过城管内部的分工和执法方式①，但另外一面却还尚待研究：小贩如何看待城管？什么是他们可以接受的行为？什么是不能接受的？平衡点在什么地方？被抓罚过的小贩与其他小贩的看法有没有不同？小贩的态度与他们的身份——民工、外来人口、下岗工人——有什么关系？同样，我和肖惠娜研究过企业主和生意人如何决定是否纳税②，进一步需要研究他们如何看待税务执法人员？他们当中哪个群体对其他群体有更大的影响力？这种影响何时发生？类似的领域包括地下赌博

---

① Jianhua Xu & Anli Jiang, "Police Civilianization and the Production of Underclass Violence: The Case of Para-Police Chengguan and Street Vendors In Guangzhou, China", 59 *The British Journal of Criminology* 64 (2019).

② Xin He & Huina Xiao, "A Typology of Tax Compliance in Developing Economies: Empirical Evidence from China's Shoe Industry", 41 *Law & Policy* 242 (2019).

的从业人员、性工作者、毒品贩子……了解他们的法律意识变化的过程以及影响因素，可以帮助我们理解什么样的执法有效，他们从意识上如何抵制法律的执行，法律的合法性如何被侵蚀，不同场合的互动如何展开。

当公路的尘灰弥漫时

1984 年,《法律和社会评论》发表的一篇论文在开头便引用了 Robert Frost 的十四行诗①(诗名是《灶巢鸟之歌》,徐家祯译):

秋季一到,别的也都将枯槁。

他说,公路上的尘灰把一切笼罩。

与别的鸟儿一样,他也不再鸣叫。

不再啼唱的事,在歌唱时他已知晓。

不用言辞,他却提出一个问题:

怎么对待事物的凋敝衰耗?

"怎么对待事物的凋敝衰耗"点出了文章的主题:这是一个世风日下的社会。文章的副标题"本地人、外地人和人身伤害"则告诉读者,这是一篇有关人身伤害的研究。如果邻居将你的小孩打伤,或者你遭遇工伤,或者在马路上跑步时被树枝压伤,你会不会诉诸法律?你的看法是不是跟你是本地人还是外地人有关?从诗入题,已经预示了这将是一篇

---

① David M Engel, "The Oven Bird's Song: Insiders, Outsiders, and Personal Injuries in an American Community", 18 *Law & Society Review* 551 (1984).

卓尔不群的论文。

一、方法

David M. Engel 做这项研究时,刚从法学院毕业,在美国律师协会找到一份短期的研究职位。在此之前,他放弃在耶鲁大学攻读文学的研究生学位,在泰国做了三年和平志愿者(the Peace Corp)。从此,他与清迈结下不解之缘。在那里,他发现人们在法律和宗教之间,往往选择宗教。习俗和宗教在泰国的作用让他怀疑:法律是不是真的那么受人待见?

他把怀疑的目光转向他的祖国。他来到美国伊利诺伊州的一个小镇,先从法院找到近年的民事案件,然后在法院的后院静静地阅读这些案卷,重构里面的故事。通过案卷,他找到这些诉讼当事人。他敲开这些当事人的家门,询问他们如何走到诉讼的这一步,以及最终的结果。此外,他还找到社区内的其他观察者,包括牧师、年轻领袖、美容师、教师、丧葬师、社工、市政议员、保险理赔员、法官、律师等。他们如何看待社区正在发生的变化? 是否听说过没有进入诉讼的类似的麻烦案件?

二、发现

受流行的纠纷转型思潮的影响,Engel 本来想探讨为什么这些纠纷进入法院。但随着研究的深入,更兴奋的想法激励了他:合同和侵权是两类最常见的诉讼,但人们对这两者的看法却截然相反。对于合同违约,兴诉追讨是最正常不过的事情;但对于侵权诉讼,兴诉则会认为是小题大做、贪婪、挣快钱、不务正业，甚至以诉讼为乐。"转身时碰着个人，接下来就会面临诉讼。"①人们对因侵权而提起诉讼的人表现出很深的厌恶和反感，认为他们是兴风作浪和麻烦的制造者。

一个保险理赔员说："陪审团的成员大多都是当地的农户，他们的每一分钱都是辛辛苦苦劳动得到的，怎么会轻易地就把它当成礼物送人？"②每一个侵权原告人的动机都会遭到怀疑："这个婊子养的来法院干什么？浪费大家的时间？"③原告人必须证明已经穷尽了其他办法，万不得已才到法院来提起诉讼。即使这样，陪审团判定的赔偿额还是很低。

侵权案件的数量很少，即使发生，也大都集中在外地人针对本地人的纠纷。比如，一位拉美裔移民将当地客栈的老板告上法庭，诉由是在客栈的酒吧发生打斗时，老板把武器交给侵害人，最终伤害了这位旁观的拉美裔移民。客栈女老板对原告人的憎恶溢于言表："鬼知道他们怎么晓得可以就这种事情提起诉讼！他们什么批文手续都没有，就可以移居到这里，不仅有工作，还享受社会福利，他们应当不笨。"④

为什么在一个以法治为基石的社会里，提起诉讼会被视为反社会和反文化的？尽管侵权案件只在诉讼总量上占微不足道的比重，为什么这种滥诉的抱怨只是针对侵权案件，而不是数量要庞大得多的合同案件？这些人是不是话里有话？他们真正想表达什么？

---

① David M Engel, "The Oven Bird's Song: Insiders, Outsiders, and Personal Injuries in an American Community", 18 *Law & Society Review* 554 (1984).

② *Ibid.* , p. 560.

③ *Ibid.*

④ *Ibid.* , p. 567.

三、解释

当地是一个农业小镇。长期以来,天不变,道亦不变,法律观念与其经济社会生活一脉相承。互信是基本的人生信条,言而无信,自然可以也应当诉诸法律。这就是为什么因合同违约而提起诉讼的做法是大家认可的。

但对于侵权诉讼的态度却完全不同。在这个农业小镇发生工伤事故,几乎是不可避免的,因为很多劳动需要使用重型农用机械来完成。虽然这些意外可以排除,但毕竟也是生活中的一部分。在人们的眼中,它们不过是天灾人祸,应当由保险来承担,或者自己消化,而不需要由法律来干预。如果将这些意外诉诸法律,则肯定是出于贪婪和不劳而获的想法。

外地人却不分享和认同本地人的这种想法,而且他们也没有本地人解决纠纷的各种资源,诉讼几乎是他们唯一的救济渠道。但即使是这样,他们还是承受了很大的舆论压力。那位拉美裔移民的妻子说,"当地人肯定认为我们只知道要钱,这次诉讼可能会给我们将来带来更大的麻烦"。①

本地人和外地人对于侵权诉讼的看法迥异,恰恰是因为这个农业小镇原来的社会经济结构解体,越来越依赖工业和外来人口,甚至原来的人口组成也开始解体。虽然当地人不喜欢,但移民还是不断地增加。在

---

① David M Engel, "The Oven Bird's Song: Insiders, Outsiders, and Personal Injuries in an American Community", 18 *Law & Society Review* 567 (1984).

过去美好的时代,每个人都互相认识,与三个人聊天就知道小镇上的所有新闻,但那个时代已经一去不返。农业社会让位于工业,高速公路灰尘满天,世风日下;原来田园牧歌般的浪漫生活遭到了挑战,而法院就成了挑战的战场。法院甚至支持外地人提出的侵权诉讼!当地人对侵权诉讼的谴责,不过是对那种存在于想象世界中的浪漫生活的怀念。

四、追问

离《灶巢鸟之歌》发表三十多年了,就人们对侵权诉讼的态度而言,Engel 研究的伊利诺伊州小镇不啻是美国社会的缩影。侵权诉讼比三十多年前还要少:大量的受害人避免接触律师,往往通过非法律的方式来表述伤害,并且放弃通过法律来实现他们的权利。隐忍不仅仅存在于"迷兔"(MeToo)运动受害人中,更是广大侵权受害人没有选择的选择。拿起法律的武器等于承认自己没有文化,是拒斥入乡随俗的外地人。这个选择本身就自相矛盾:本来希望通过法律讨回尊严,一旦拿起法律武器,这种尊严就已经失去了。侵权诉讼被轻看,原告人被污蔑——无一例外,他们肯定夸大所受的伤害,想通过诉讼来大发横财。

但事实上,侵权行为的受害人大多属于社会下层人群。事故的发生当然是偶然的,但穷人或者社会下层人群面临更大的威胁,而他们也更缺乏能力来承受这些事故带来的后果。哪个大资本家曾经遭受工伤?耐人寻味的是,当这些受害人拿起法律的武器时,却被认为是缺乏文化,从而强化他们处于社会边缘或者外地人的身份。为此,他们要么选择个人承担所有的痛苦,要么选择与努力试图融入的社区撕破脸。

　　为什么总是强调法律规则的一面，即使这一面往往与大多数人的生活无关？为什么法律——或者法学研究——不能直面人性的需要？

　　在诗人倾听灶巢鸟对世风日下的悲鸣时，我们有没有听到侵权受害人发自内心的呼号？伤害和阵痛对他们的生活意味着什么？什么是他们的焦虑、感受和考量？权力和阶层关系是如何分配他们面临的风险并观照他们在伤害发生后的反应能力的？

五、 启示

　　如今《灶巢鸟之歌》已经成为法学的经典，仅仅是法律意识和身份——"本地人"和"外地人"，已经成为法律与社会科学和侵权法中耳熟能详的词汇。大量的研究试图去探讨，在不同的社会环境下，不同身份的人士如何持有不同的法律意识。在刑事和解中，大量的案件涉及无证驾驶。其中有多少伤害是由没有驾照、没有保险的外地民工承受？对"富人因钱而减刑，穷人无钱而坐牢"进行批评没有错，但这种过于简单化的口号根本没有道出问题的关键：不同阶层的人面临伤害的风险已经不同。这里是不是也有类似的世风日下的慨叹？人们还在追问今天的陪审员是不是还同当年伊利诺伊州小镇上的居民那样，对侵权诉讼充满怀疑并且压低赔偿额。我们不仅仅受益于这篇关于法律意识的开拓性研究的文章，以及对法律行为意义的追问，还能感受到其中的人文情怀，特别是它对法律的批判及对人性的拷问。

　　Engel 开展这项研究时，无法预知它日后成为经典。我们仅仅知道，当年《法律与社会评论》的编辑曾要求 Engel 将这个独特的题目换掉。

毕竟,《灶巢鸟之歌》带来的寓意并非一目了然,但 Engel 决定不改。时间证明,这个标题恰恰是这篇文章了不起的地方之一,"灶巢鸟"成为这篇文章的特别身份。

《灶巢鸟之歌》体现的法律意识

纠纷的归责与转化

认知到伤害之后,心理上通常会进入纠纷转化的第二阶段:归责 (blaming)。归责是从认知伤害到确定怨恨根源的转变过程。谁制造了 伤害?谁的过错?谁应当为伤害负责?举一个常见的例子:工人开始发 现自己患上尘肺病,是认识到自己受到伤害,但只有认定雇主或制造商 对其有责任时,归责才发生。这是一个客观真实的因果关系,还是主客 观交融并由社会建构的过程?

这个问题的答案似乎不言自明。邻居在深夜播放高分贝的音乐,搞 得我睡不着觉,难道还不知道归责于谁?但认真一想,即使面对这个简 单的问题,也有不同的答案。当然,所有的惯常思维都会先指向邻居,是 邻居在深夜还在播放音乐。但如果邻居是不讲理的蛮汉,我们是不是会 去物业服务公司投诉?如果物业服务公司不理不睬,我们是否会怪罪于 它?如果物业服务公司回应说,法律没有明确规定什么时候播放音乐等 相邻关系的内容,所以它没法管,我们是否会转而责怪应当立法的机关 或者政府?当立法机关和政府也无法追究时,我们是不是会转而责怪自 己:为什么有点音乐就睡不好?因此,看似简单的问题涉及归责的时候, 却可能有不同的方向。

一、 归责有别于抱怨或许愿

首先,归责要和没有特定对象的抱怨区分开来,比如天气不好,或者泛指某个时期通货膨胀太快。其次,要和单纯的许愿区分开,因为这种许愿没有伴随侵害感。而纠纷转化中的归责必须有特定的归责对象,并且可以通过一定的渠道去追究。从控诉人的视角出发:受害者必须感受到了委屈,并相信归责对象可能对侵害做出了回应,即使这种回应从政治、社会和法律的角度看是多么的不可思议。显然,如果无法找到确定的归责对象,纠纷向诉讼转化就无从谈起。

在很多情况下,人们会将受到的伤害归罪于自己。比如,刮胡子时割伤了脸颊,跑步时跌倒,没有考出好成绩等,我们通常责怪自己,也会时常归责于上天和运气,甚至是所谓的天灾。尚未"上车"的一族,大多怪自己:为什么不早点买房? 为什么没有一份高薪的工作? 加拿大学者Margaret Boittin 研究北京、广州和深圳的性工作者后发现,性工作者们在遭受伤害的时候,常常归责她们自己:谁让咱们选择了这份最古老的职业?[①]

归责于自己或者上天,意味着纠纷向诉讼的转化过程走到了死胡同。即使这时归责的对象是特定的,但也只能自己承担责任,兴诉更无从谈起。纠纷向诉讼转化的关键一步是找到除了自己或者上天之外的特定的第三方。在很多时候,人们不仅责怪自己,同时也责怪第三方。

---

① Margaret Boittin, "New Perspectives from the Oldest Profession: Abuse and the Legal Consciousness of Sex Workers in China", 47 *Law & Society Review* 245 (2013).

比如，大学校园内的树枝倒伏压伤了路过的人，这不仅是上天的过错，也是大学没有尽到修理树枝的责任；地震使校舍倒塌，是上天的问题，更是豆腐渣工程的结果。成绩不够好是自己不够努力，但更是教授给了不公平的考题或者考分。在上述 Boittin 的性工作者研究中，即使性工作者的工作本身就是不合法以及不道德的，但也并没有防止她们转化归责的对象。她们认为，是国家禁止性服务的法律导致她们受到嫖客、老鸨、警察等人的伤害。她们的职业也是工作，也是为社会稳定及和谐做贡献，为什么不可以是合法的？将这一职业非法化使她们受伤害时投诉无门。于是，她们将归责的对象指向相关法律，甚至发起了改变这些法律的社会运动。

二、 归责无门就会转化对象

一旦认真观察就会发现，归责对象的转化是非常普遍的现象。在我和合作者所开展的建筑工地农民工权益保护的研究中，拿不到工钱的农民工最初归责于自己，也会归责于不支付或者不按时支付工钱的合同方。而当找不到合同方或者合同方无法承担责任时，他们将责任转向发包方，即物业业主。最后，当业主也无法承担责任时，他们便将目标转向政府。他们认为，是政府没有尽到监管的责任，而且其中肯定充满了官商勾结，不负责任地招商引资，才产生最终让他们无法得到薪金的结果。

同理，几乎所有上访的访民都经历了纠纷转化的过程。在电影《我不是潘金莲》中，最初纠纷的归责对象是邻居，但当问题在法院得不到解决时,归责的对象变成了处理案件的法官。当针对法官的行动也没有结果时,当事人很容易将归责的对象变成政府,而且政府和官员的层级也在逐级上升,直到"进京访"。冯煜清和我合作的研究发现,新访民和老访民的法律意识发生了质的变化,他们对纠纷的理解,从法律转变成了政治的表述和范式,归责的对象也相应地从当事人变为法官再变为政府官员。[①]

三、 归责对象模糊化

在 2019 年香港发生的社会动乱中,归责对象的转化再明显不过。开始是以特首为代表的特区政府,抗争的焦点是"撤回修例"。在修例撤回之后,归责的对象很快转化为警察。之后又开始扩散,变成地铁、"蓝丝商铺"、银行、大学、持不同政见的市民,甚至有的"黄丝商铺"也未能幸免。同对伤害的认知一样,归责的发生和转化也不是客观的过程,而是深受外部条件的影响甚至操纵。

有意思的是,归责对象的转化不仅是从不特定发展到特定,也是从特定发展到不特定甚至模糊的过程。William Felstiner 及其合作者提出的纠纷转化为诉讼的模式是一个从模糊到特殊的过程。[②] 香港发生的这场动乱为这个模式带来的不仅是新的证据,更是挑战。"揽炒",或者说"同归于尽",就是从特定到一般:针对的对象逐渐不需要理由;只要

---

① Feng Yuqing & Xin He, "From Law to Politics: Petitioners' Framing of Disputes in Chinese Courts", 80 *The China Journal* 130 (2018).

② William Felstiner, Richard Abel & Austin Sarat, "The Emergence and Transformation of Disputes: Naming, Blaming, Claiming……", 15 *Law & Society Review* 631 (1980—1981).

将事情闹大,就是理由。诉讼从来就不是抗争者的主要选项,归责对象的弥散成了新的方向。如何防止朝这个方向转化,需要全社会的智慧和果断措施。

谁应为"欠薪"负责?

提出诉求

在找到归责的对象之后,纠纷转化进入最后一个阶段:提出主张(claiming)。这个阶段同样充满主观性和不确定性:提出还是不提出主张?提出法律主张还是政治主张?如果提出法律主张,按照什么样的法律话语来表述纠纷?如果提出政治主张,目的是要获得补偿还是政治改变?什么方式适合回应政治诉求?

如果提出法律主张,首先要将伤害和归责用法律话语表述出来。没有经过法律训练的普罗大众往往需要借助律师的帮助才能准确地提出法律主张。绝大部分的法院需要律师参与,因为法官不愿意直接与老百姓沟通,否则法官运用法律话语,而当事人却用政治话语或者道德话语,在法庭上各说各话,徒费时间和工夫。有效的对话和交流,需要相同的话语范式。

人们往往误认为律师将纠纷由大众话语翻译成法律话语时是客观的。事实上,律师如何翻译和表述纠纷并提出主张,正是他们操控纠纷转化过程的关键之处。电影《秋菊打官司》中的诉状代写人首先问秋菊:"要活告还是死告?""活告"还留有余地,"死告"则将被告往死里整。电影当然有夸张的成分,但要点在于,律师或者其他中间人可能重新塑造纠纷,提出不同的主张。Austin Sarat 和 William Felstiner 对离婚律师的经典研究发现,律师往往不回应在离婚边缘的当事人的情感需求,而是衡量某些主张在法律上是否可行。① 律师可能催化某些诉求,更可能抑制另外一些诉求。在美国的医患纠纷案件中,律师的第一反应就是评价胜诉的可能,然后再决定是否接受当事人的委托。在这个过程中,案件本身的性质只是其中一个要素,律师还要看当事人是否好打交道、律师费是不是好收、给同行带来的印象等。② 律师们常常选择远离工伤、劳动、离婚、行政案件,却对经济、贸易、某些刑事案件趋之若鹜,风险收费是律师们津津乐道的话题。

在 Felstiner 和他的合作者提出的著名的纠纷转型的金字塔中,从认知、归责到主张,数量越来越少。③ 也就是说,很多认知最后都无法形成法律主张。因此,法律诉讼仅仅是纠纷过程中的冰山一角,而这个过程深受社会、政治、文化、意识形态以及某些职业如律师的影响。实际上,律师会在很大的程度上决定金字塔的高度或宽度,即最终有多少纠纷会真正成为法院的诉讼案件。Felstiner 及合作者的目标之一是要打破以诉讼为中心的研究,强调纠纷才是冰山的主体。

然而,他们的纠纷转化金字塔依然过多地强化法律和法院。后来的研究认为,大量的纠纷没有进入法院,也不需要进入法院,解决这些纠纷自有其他方式。纠纷可以用法律话语来表述,也可以用政治话语、道德话语、实用话语或者宗教话语来表述。这时纠纷的转化就不再是金字塔,而是花满枝头。④ 在转化的过程中,纠纷也并不一定减少;相反,一

① Austin Sarat & William Felstiner, "Law and Strategy in the Divorce Lawyer's Office", 20 *Law & Society Review* 93 (1986).

② Atul Gawande, "The Malpractice Mess: Who Pays the Price When Patients Sue Doctors?" *The New Yorker* 63-71 (14 November, 2005).

③ William Felstiner, Richard Abel & Austin Sarat, "The Emergence and Transformation of Disputes: Naming, Blaming, Claiming……", 15 *Law & Society Review* 631 (1980).

④ Catherine R. Albiston, Lauren B. Edelman, and Joy Milligan, "The Dispute Tree and the Legal Forest", *Annual Review of Law Social Sciences* 10: 109 (2014).

个小的纠纷都可能衍生出新的或者更多的纠纷。"一生二,二生三,三生万物。"内地的上访制度提供了最好的佐证。一个小的邻里纠纷,可以转化成行政纠纷、恶性事件、政治纠纷,最后可能消耗大量人力、物力,甚至经年无法解决。

虽然金字塔的纠纷转化模型并不能囊括所有的纠纷转化形态,Felstiner 拆分的三个阶段却成为理解不同阶层、不同领域、不同时空下的法律意识和纠纷发展的利器。[①] 我和合作者研究农民工遭到欠薪时的法律意识时,发现他们认知到自身受到伤害没有问题,但当他们归责无门、将责任推到政府时,主张就与法律的规定有了很大的差别。[②] 由于他们急于在春节前拿到工钱,也往往无法提供相应的法律所要求的证据,所以会在主张上大打折扣。有的甚至在拿到 60% 的工钱后就不了了之。同理,退伍军人的纠纷如何转化?国企下岗工人,性工作者,教师,网民,访民等群体呢?

特别重要的是,Felstiner 及合作者提出的三个阶段在各种转化轨迹中都存在。[③] 即使纠纷转化成政治诉求,也同样有认知、归责和主张三个阶段。在这些转化的过程中,参与人不会保持中立、客观,而是充满偏见和杂音。在香港发生的这场史无前例的动乱中,政治领袖、律师、媒体、文宣媒体所起的作用一目了然。反对方提出的主张主要不是法律的,而且政治的;要求越来越多,层级越来越高。这些主张也不稳定:今天提这个,明天提那个,有的已经超出了特区政府能够回答的范围。如

[①] William Felstiner, Richard Abel & Austin Sarat, "The Emergence and Transformation of Disputes: Naming, Blaming, Claiming……", 15 *Law & Society Review* 631 (1980—1981).

[②] Xin He, Lungang Wang & Yang Su, "Above the Roof, Beneath the Law: Perceived Justice behind Disruptive Tactics of Migrant Wage Claimants in China", 47 *Law & Society Review* 702 (2013).

[③] William Felstiner, "Richard Abel & Austin Sarat, The Emergence and Transformation of Disputes: Naming, Blaming, Claiming……", 15 *Law & Society Review* 631 (1980—1981).

果提出的是法律主张,法院尚是相对保守而稳健的解决机制,但政治诉求往往没有常设的机制来解决。即使双方试图协商,首先要讨论的是采用什么机制,这就是为什么特区政府与大学生的对话努力流产。而当政治主张无法得到满足的时候,社会运动往往升级。这时,激进派往往取代温和派,"勇武"取代"和理非",因为其声音更大、更可见、更撩动人心。政府在做了一定的退让之后,发现对方的要求越来越高,根本不知底线何在,没有一个清楚的谈判对象,更找不到相对确定的话语范式,因此也不敢再次退让。结果只能是采取更强硬的方式应对,更激烈的冲突似乎在所难避。

对于政治主张,由于缺乏像法院那样完善的对话和解决机制,因此很难找到解决的办法。美国几百年相对平稳发展("美国内战"除外),不是没有社会运动,也不缺乏政治主张和危机,但它往往能将政治主张变成法律主张,最后由法院来解决和平息事件。长期以来,法治是香港社会的基石。普罗大众对法官和法院的尊重,从对机场禁制令的有效执行可见一斑,但当前却开始出现公然污辱法官的苗头。坚决防止这种倾向,并成功地将政治诉求转化为法律主张,化干戈为玉帛,或许香港可以浴火重生。

要"活告"还是"死告"?

关系型叙述

　　一个中年家庭妇女罗尔斯状告邻居本尼特,声称他将位于她这边、作为他们房屋边界的树篱移走了,以致他家的灌木丛长过了她这一边,并对她形成滋扰。

　　法官问:树篱是怎么移走的?

　　罗尔斯:啊我能够,啊,啊我不得不退回到三年前,因为啊,三年前当时本尼特先生搬回来——因为他以前曾经在这儿住过,后来搬走了,再后来他又搬了回来,住进了那间屋子——在这之前一直以来——但是法官,我不得不说说这些——因为在这之前一直以来每一个人对那个树篱十分注意,他们根本不用我为它操心。他们修剪它,当本尼特以前住在那儿的时候,我还特别跟他说起过这事——

　　法官:等一下。我要问你的问题是——我希望你能够回答它——就是那段树篱是怎样被移走的?

　　罗:啊,嗯,本尼特先生告诉我他什么时候搬回来住,啊,因为我正准备修理从树篱那边长过来的那些树,这时他告诉我不要那样做。他说,

"不要将它们砍掉……"①

法官的问题很简单——"这些树篱是如何被移除的？"但罗尔斯却答非所问。她长篇大段地谈到了她和邻居的关系，而这种关系游走于不同的时间和地点。比如，一下子又回到了三年前，一下子又是邻居什么时间搬回来住，一下子又是其他人如何对待树篱，一下子又是他们之间的对话。

这种说话方式的特点是：不是按照法律规则期待的方式，而是从社会关系的角度来描述和分析问题。法律规则期待的方式是：在特定的时间顺序下，什么人做了什么事？产生了什么后果？而罗尔斯的回答却以她和邻居的关系为主，其中还涉及许多细节，她假定听众知道许多背景知识。如果罗尔斯的对话对象是熟悉她的生活和经历的闺蜜，也许还是自然的。但这是在法庭上，一个基本上对她的生活不了解的、陌生的法官很难从中抽象出相关事实并正确适用法律规则。就像在英文写作中，首要的规则是假定读者对背景一无所知，否则读者就会迷失在作者自以为清楚的世界里。

这是从语言学的角度来研究诉讼的一个重要突破。通过对六个城市中一百多份诉讼当事人对话录音的分析，Conley 和 O'Barr 总结出当事人叙述的两种方式：规则导向型和关系型。② 规则导向型叙述强调的是按时间顺序展开，原因和结果分明，权利、义务、因果关系一目了然。而关系型叙述的焦点则是某个人的身份、地位：履行了社会义务的正派人应当享有公平对待的权利，充斥着道德判断，时空倒转，充满了与生活相关但与法律无关的细节。

① John Conley & William O'Barr, *Just Words*: *Law*, *Language and Power*, Chicago and London: The University of Chicago Press, 1998, p. 61.

② *Ibid.*

一、 哪种叙述更能影响法官?

在法官看来,规则导向型叙述容易处理和接受。不管是内容还是结构,它与法官熟悉和期待的套路一致,当事人的回答直接、着调、高效。而关系型叙述则难以理解、不理性甚至疯狂。法官有时不得不用自己的理解来重新组织,挑选出关联的事实并重新排序,将无关的事实抛弃,没人想去讨这个麻烦。不出意外,关系型叙述的当事人吃亏,而规则导向型叙述的当事人容易获胜。

关系型叙述常常将权利建立在个人需要和社会价值之上。很多人的说法基于这样的逻辑:我很穷,我需要帮助;我履行了作为社会成员的义务,我帮助了其他社会成员,所以法律应当帮助我。在冯晶的研究中,失去抚养权的当事人在拿到判决之后说:"法律为什么会帮助一个有外遇和酗酒的男人? 孩子更多时间是我带,法官为什么不按我提供的线索去收集证据?""我是边缘群体,处于社会的下层,我不懂得法律,所以法官应当帮助我。"①在这种叙述逻辑之下,一个人的生活经历和社会关系的细节是高度相关的,道德判断和社会阶层也变得重要。同理,当不关心规则的推演运用时,根本不必去按时间顺序陈述事件,也不需要精确地表述时间和数量,往往通篇都是泛道德化的判断和指责。

二、 什么人说什么话

根据前文论述,读者直接的反应可能是这些关系型叙述当事人不懂

---

① 冯晶:《支持理论下民事诉讼当事人法律意识的实证研究》,载《法学研究》2020 年第 1 期。

法,甚至愚昧,他们自得其咎。但问题是,什么群体更多地使用规则型叙述? 法官、律师明显最擅长。法学院教育的目标就是学会像律师一样思考。具体而言,就是要能够用法律将事实分成争论的焦点、事实、规则,然后加以分析和应用。比如,要用犯罪构成要件来分析是不是犯罪,是什么犯罪,应当加重还是减轻处罚。官员、公司老板、房东、生意人、教授都大致更多地使用规则型叙述,也就是那些经常接触法律和生意的人,或者说,见过世面的人。相反,长期在农村生活,很少和外界交往、没有受过教育的家庭妇女就会倾向于关系型叙述。这正是为什么开篇案例的当事人是中年家庭妇女罗尔斯。

Conley 和 O'Barr 的进一步发现是:男人更多地使用规则型叙述,而女人更多地使用关系型叙述。男人常用直线思维,紧抓要点,直奔主题,强调事实而不是情感,关注普通规则而不是特殊的情境。女人往往缺乏时间观念,说话离题,漫无边际,情感影响事实,运用规则时更依赖于语境,即情境化的推理。在这两类叙述之中,法律偏爱抽象、规则导向、逻辑的男性方式。

原因很简单,女人更少有机会接触法律和生意。所谓外面的世界,主要是男人的世界。规则型叙述是男人熟悉和偏爱的叙述方式。"法律面前人人平等"当然是重要的原则,但偏爱规则型叙述的法官,有意无意就会对女性当事人做出不利的判决。律师们甚至说,要赢得官司吗? 首先要"教会女人像男人那样说话!"①

从语言的微观角度看,关系型叙述提出法律制度对女性的偏见。它关注的不是制度上的差别,而是法律语言的实践。这些细微的地方揭示

---

　　① John M. Conley & William M. O'Barr, *Just Words*, 2nd ed. , Chicago：University of Chicago Press, 2005, p. 65.

了其男权的本质。法官与当事人之间的互动细节,道破了男权制度向法律行为转化的机制。那么,什么才算是见微知著、一叶知秋?

从制度上说,男人不过是按自己偏爱和有利的方式设计了对自己有利的制度。法律规则,从根本上说,是男人制定的。在制定的时候,他们已经有意无意地打上了自己思绪的烙印。[①] 也许女人可以被训练得像男人一样说话,从而减少在法庭上面临的不平等。诚然,哪个女性政要,包括希拉里和默克尔,说话的方式不和男性类似? 但根本的问题是,包括女性在内的社会各个阶层,不可能都按照男人们所熟悉的规则型叙述来说话! 这不是谁更愚昧、谁更聪明的问题,而是法律制度由谁制定、对谁更不公平的问题!

① Catherine MacKinnon, *Toward a Feminist Theory of the State*, Cambridge: Cambridge University Press, 1988; Carol Galligan, *In a Different Voice*, Cambridge: Harvard University Press, 1982, p. 237.

文化还是制度？ 厌诉在日本

为什么有的社会特别好诉,而有的特别厌诉? 换言之,什么因素决定了纠纷是否转化成诉讼? 有关日本人厌诉的研究极为著名。从数据上看,日本在工业国家中的诉讼率是相当低的,至少远比美国低。比较普通的诉讼类型就会发现,在 1986 年,日本每万人当中的诉讼案件只有9.8 件,而美国加利福尼亚州高达 95.4 件,几乎是日本的 10 倍。如果进入细类分析,这种差别更为明显。比如,日本 100 件涉及死亡或伤害的汽车事故中,只有 0.9 件会转化成诉讼,而在美国,这个数字是 21.5 件;1986 年,日本只有 1003 件行政诉讼案件,而美国同期,仅仅起诉联邦政府的案件就高达 31051 件。[1] 虽然很多人认为,对比不同法域中的诉讼率,无异于将苹果比作橙子,但学者们对于日本社会的低诉讼率没有太多的异议。

如何解释日本社会的厌诉现象,则成为法律与社会科学中的经典问题。最早的解释是态度论或者文化论。[2] 这一学说认为,日本社会厌诉

---

① Takao Tanase, "The Management of Disputes: Automobile Accident Compensation in Japan", 24 *Law & Society Review* 651(1990).

② Takeyoshi Kawashima, "Dispute Resolution in Contemporary Japan", *Harvard East Asian Monographs* 115 (2001).

的根源是文化,即由日本文化或者日本人对权利的态度所决定的。Ka-
washima 回溯到圣德太子时期的历史,断言日本对非正式的纠纷解决有
文化上的偏好。在他看来,这种偏好植根于人们在社会中的角色,人们
处在特定的等级和种类之中,个人权利不发达,与依据普遍的规则做出
的司法决定不相容。他写道,"对于日本人而言,权利是不确定的,依赖
于当时的情境。因此,人们自然地远离法院,因为法院将权利视为确定
不变的"。提出索偿的要求取决于双方之间的关系,而只有协商是合适
的;只有在协商的时候,相互联系的复杂的关系之网才能得到足够的考
虑。换言之,在日本传统的社会结构中,人们之间的关系倾向于和解、协
商而不是直接的对抗。与权利和诉讼相比,他们更注重和平、和谐及与
人友好相处。从功能上看,这种不确定的特征将公平和诚实的理念植入
社会关系之中,而诉讼司法则会挑战原来社区的完整性。对于长期生活
在小圈子社会的日本人而言,自然就发展出因情境而异的权利观念,这
与法院强调的依法而定的正义观念格格不入,而诉诸法院往往就被视为
自我膨胀的做法。

　　虽然纯粹的传统的社会结构在当代日本社会中已经不复存在,但这
种厌诉观念仍然存在于人们的心中,成为一种审美。这就是为什么 Ka-
washima 认为厌诉是日本文化的一部分,不断传承下来。他也承认日本
社会正处在现代化和变迁的过程中。言下之意,随着现代化的进程不断
推进,日本社会最终也会变得更为好诉。①

　　文化解释显然有其魅力,法律的文化解释也曾一度影响我国的法学
研究,但对于解释具体的现象和事物,文化解释的局限性相当明显。首

---

　　① Takeyoshi Kawashima, "Dispute Resolution in Contemporary Japan", *Harvard East Asian Monographs* 115 (2001).

先,文化很难被定义和测量。几乎没有科学的标准指出什么是文化的,而什么不是。学者使用时也无法形成一致和宏观的理论,而似乎只是在需要时将就使用,为手头的材料做解释。其次,文化论很容易陷入循环论证,即用特定行为来说明文化的存在,同时又用文化去说明特定的行为。由此得出"日本人厌诉是因为他们在本质上讨厌诉讼"这种没有内容的语义重复。如果不能有效地找到第三方,打破这个二元的相互解释模式,那循环论证的嫌疑就很难去掉。最后最致命的问题是,文化很容易成为一个剩余概念,可以抽出来的部分马上成为独立的新理论或者解释,而将剩下的部分仍然称为文化。所以,也有人称之为垃圾概念,即说不清的部分就称之为文化。说到底就是文化概念的边界不清,因而很容易被其他概念掏空和攻击。

制度解释就是文化论的巨大威胁,日本厌诉现象的文化解释很快遭到狙击。Haley 于 1978 年发表的经典论文提出了强有力的制度解释。[①]他认为,如果从喜好和谐或者牺牲自我以达致他人福祉的角度而言,日本人同世界上其他国家、其他民族一样,根本就谈不上厌诉。他指出,日本人同样常规性地卷入许多激烈的、你死我活的竞争和冲突之中,而许多纠纷都没有得到妥善地解决。换言之,Haley 认为日本人趋向于协商解决问题也许只是在司法领域,而不是一个普遍的现象。Haley 进一步提出三方面的证据:第一,日本"二战"后的诉讼率要比战前还低,这显然无法由文化论解释。传统文化的影响力在"二战"后显然比战前要小,特别是日本在"二战"后陆续实现政治民主化、经济腾飞和转型、封建结构解体,与外部世界的联系也明显增加。这些因素都极大地削弱了

---

① John Owen Haley, "The Myth of the Reluctant Litigant", *The Journal of Japanese Studies* 4 (1978).

传统文化和思维方式的影响。而日本"二战"后的诉讼率不升反降,必
有原因。其实,在两次世界大战之间,日本的诉讼率也一度很高。这些
变化的方向都不是单一的,也很难由一成不变的、厌诉的文化倾向来解
释。更为关键的第二个证据是 Haley 给出的制度能力上的证据,认为厌
诉是结构上能力不足的结果。比如,日本司法制度的人手配备是明显不
够的,人均法官的数量在"二战"后依旧很低,甚至有所减少,相应的难
题是高积案率和判决的延迟。在日本,律师考试的通过率也非常低,长
期保持在 2%—3% 左右。这至少表明,在希望成为律师的人当中,通过
考试是相当困难的事情。在很多小镇,对于某些法律领域,根本没有律
师提供服务。由于法律服务供应不足,收费当然昂贵。第三,日本的司
法机构也有执行难的问题。法院没有惩罚藐视法庭的权力,很多司法决
定也得不到有效地执行。① 这样一来,那些想通过司法途径解决冲突、
保护权利的人得不到鼓励,也缺乏动力将纠纷诉至法院。

在随后的两篇论文②中,Ramseyer 重新讨论了 Haley 提出的解释。
他认为,不是法律制度的弱点而是其优点,使得日本社会的诉讼率很低。
按照著名的诉讼选择理论③,诉讼只是在当事人无法或者不能预期结果
的时候发生,否则他们会选择和解。如果法院的行为是很可能预期的,
在事前人们已经知道决定,那么理性的当事人就会选择和解。预期性越
强,当事人双方的预期值也会越靠近,从而越容易促成和解。与美国法

---

① John Haley, "Sheathing the Sword of Justice in Japan: An Essay on Law without Sanc-
tions", 8 *Journal of Japanese Studies* 265 (1982).

② Mark Ramseyer, "Reluctant Litigant Revisited: Rationality and Disputes in Japan", 14
Journal of Japanese Studies 111 (1988); Mark Ramseyer & Minoru Nakazato, "The Rational Liti-
gant: Settlement Amounts and Verdict Rates In Japan", 18 *The Journal of Legal Studies* 263
(1989).

③ George L. Priest & Benjamin Klein, "The Selection of Disputes for Litigation", 13 *The
Journal of Legal Studies* 1 (1984).

院相比,日本法院的很多特点都使得其决定比较容易预想得到。比如,日本法官都统一地在司法训练和研习中心接受同样的训练,并且互相之间在社交层面很熟悉,这种同质化的经历减少了差异性。而在美国,法官是通过公开的政治渠道任命或者选举产生,很多法官都是在职业生涯的后期才成为法官,并且拥有终身职位的保障,他们在做决定时自然更多元化。此外,在日本没有陪审团的介入,不会让结果更难预期。日本法律制度提供了一个公开的模式来标准化赔偿的计算,使得结果更趋于统一。此外,日本的诉讼结构也存在更多的间隔,使得法官有很多机会可以向当事人发出信号,表达自己对案件处理的倾向性意见。在这种情况下,当事人也容易有机会及时和解。比如,在交通事故案件中,当事人通过庭外和解得到的赔偿数额几乎与通过诉讼得到的数额相差无几,当事人选择诉讼没有激励。他认为预期理论具有优越性,即当成本是唯一的考虑因素时,即使得到更小的数额,当事人也愿意选择庭外和解。

　　Haley 和 Ramseyer 对日本司法制度的人员配置和执行能力的分析显然是很有洞察力的,日本人在选择纠纷解决的渠道时显然也会进行功利性地比较。但人们还会继续追问:为什么日本的司法机构长期以来人手不足而且在执行决定时相对无效?如果司法服务长期以来都不能满足社会的需要,为什么这个缺陷得不到解决? Haley 认为这是政府精英蓄意选择的政策,即日本政府故意让人们很少使用法庭。20 年代建立的与法庭关联的调解机构就反映了这种政策。当时的政府官员讲得很清楚,20 世纪 20—30 年代日本建立这些调解机构的目的就是要分流人们日益增长的权利要求,希望通过调解机构来转移本来要到法院去解决的争端。① 但问题在于,为什么日本的精英希望建立和执行这一政策?

---

　　① John Owen Haley, "The Myth of the Reluctant Litigant", *The Journal of Japanese Studies* 4 (1978).

为什么他们能够有效地落实这一政策？他们凭什么这么强大，以致可以将这些政策"强加"于人们的头上？Haley 没有回答这些问题。在 Tanase 看来，Haley 似乎过于草率地完全否认文化在解释厌诉行为中的角色。Tanase 认为，虽然在追求自我利益方面，日本人与其他民族并无不同，但他们对什么是好的秩序可能的确有独特的看法，从而决定了选择建立这种特别的制度来控制人们的行为。①

如果争论停留于此，可能会陷入一个"鸡和蛋孰先孰后"的争论。制度安排看起来很有力量，但要解释为什么选择这种制度安排，又回到文化解释上去了，即文化基因或者文化传统决定了政治精英选择了这种制度，而社会和民众也接受这种制度安排。我们仍然无法知道，从最根本的意义上，哪个因素对日本民众的厌诉现象起关键作用。

Ramseyer 提出了一个很有意思的假说，试图解释政治精英为什么选择这种制度安排。② 他同意低诉讼率是由于司法制度的无效，但他不认为这是文化的结果，也不需要将文化神秘化。之所以做出这种安排，是因为政治精英可以从法院的低利用率中获益：不仅可以降低纠纷管理的成本，还可以降低法院挑战政府政策的风险；也可以进一步地从归因于文化的神秘感中获益：和谐、缺少争端的社会给政府高官带来富有能力的技术官僚的形象，使得他们可以游离于政治斗争和积极的民主控制之上。一言以蔽之，是精英对合法性的考虑。这才是理解为什么现代社会中日本民众仍然接受厌诉的神话，即便民众对个人的权利意识和权利诉求已经变得越来越明显。Ramseyer 认为政府精英故意制造了文化论的

① Takao Tanase, "The Management of Disputes: Automobile Accident Compensation in Japan", 24 *Law and Society Review* 651 (1990).

② Mark Ramseyer, "Costs of the Consensual Myth: Antitrust Enforcement and Institutional Barriers to Litigation in Japan", 94 *Yale Law Journal* 604 (1984).

神话。

如果说 Ramseyer 给出了政治精英的动机，他依旧没有解释为什么精英可以如此强大而民众会那么容易就范。显然政治精英不可能是无所不能的，如果他们能够有效地领导社会，他们的政策不可能与民众的期望相去太远。特别在"二战"后日本这样的社会中，人们享受法治带来的秩序，也有很多渠道去表达他们的政策偏好。如果政治精英能够操控人们是否提起诉讼的倾向，也必须是通过极其微妙的方式。如果司法服务的供给明显不足，这本身就会损害精英们苦心塑造的和谐和无讼社会的形象。因此，要限制法庭的使用率，同时又能让那些无法使用司法服务的民众没有怨言，必须有效地控制对司法服务的需求。这就引出了 Tanase 试图结合文化论和制度论的管理论。①

管理论的要义在于，政府能够提供替代性纠纷解决机制。这种替代性机制是如此有效以至于使用者会认为，司法服务比不上这些替代性机制。这样一来，国家就可以在不需要任何强制手段的情况下，有效地引导人们自愿地减少使用司法服务。最终，当需求被分流到其他渠道后，精英们就不再会引人注意。民众会认为建立这些制度的唯一目的就是使他们受益，而不是另有目的的别有用心的人操纵的结果。最有效的控制就是民众不知道他们在被控制。当这种选择变得如此自然，民众甚至会真诚地说：不去法院是因为我不需要法院。管理纠纷的最终目的是从文化的神秘主义转化成功能上的神秘主义。在某种意义上，管理论具有政治论的余音，也应和了 Upham 提出的官僚政治会导致非正式的纠纷

---

① Takao Tanase, "The Management of Disputes: Automobile Accident Compensation in Japan", 24 *Law & Society Review* 651 (1990).

解决的观点。①

　　Tanase 以机动车交通事故为例,阐述了纠纷是如何被管理的。② 关键之处在于控制需求和消灭煽风点火的人,管理论就可以在现代社会的背景下重建一个无讼的社会。就机动车交通事故而言,必须提供一项制度以增强受害者自己主张要求的能力,同时简化法律,使这方面的职业服务不再必要。最后,要提供替代性纠纷解决方法和场所,使得全面的法庭大战变得不必要,而当事人可以很快达成和解。具体而言,就是首先提供免费的法律咨询,将赔偿的方式标准化,并提供与法庭关联的调解机构。

　　Tanase 提供了一幅与美国几乎完全相对的司法服务的图景:免费的法律服务,很少的律师,简单的标准化的赔偿方式。在 Felstiner 等人提出的纠纷转化过程中③,律师会起到很重要的作用,因为当事人到法院提出主张,还必须经过律师转化成法律专业术语。而在日本,这部分已经被省略掉了。同时,解决纠纷的场合也不一定是法庭,而可能是更为廉价、便于理解和利用的调解所。在这种情况下,几乎没有美国法庭中常见的双方当事人之间剑拔弩张的对抗。于是,纠纷很容易以和解收场。不管人们是否在价值方面认同这种制度,但其效率显然是不可否认的。将日本的情况与美国进行比较,便有人用来抨击美国律师和司法制度是多么无效率④,也有人赞美日本政治和社会制度的优越性,当然也有

---

① Frank Upham, "The Legal Framework of Japan's Declining Industries Policy: The Problem of Transparency in Administrative Processes", 27 *Harvard International Law Journal* 425 (1986).

② Takao Tanase, "The Management of Disputes: Automobile Accident Compensation in Japan", 24 *Law & Society Review* 651 (1990).

③ William Felstiner, Richard Abel & Austin Sarat, "The Emergence and Transformation of Disputes: Naming, Blaming, Claiming……", 15 *Law & Society Review* 631 (1980).

④ Derek Bok, "A Flawed System of Law Practice and Training", 33 *Journal of Legal Education* 570 (1983).

人提出要加强法律与司法在日本社会中的角色，以适应现代社会的发展。

于是，关于日本社会厌诉的现象就出现了至少三种不同的理论：文化论（Kawashima）①、制度论（Haley and Ramseyer）②以及多少有些将前两种理论相结合的管理论或者政治论（Tanase）③。这些理论在 20 世纪 90 年代几乎就完全成形。在没有进一步数据支持的情况下，孰优孰劣很难判断。而 20 世纪 90 年代之后，日本社会的诉讼率显著增长，这就为检验这些理论提供了条件。按照不同理论的取向，要解释诉讼率的增长，文化论会认为是社会结构的现代化，即文化影响进一步减弱。制度能力论则会认为是司法系统的人员增加，诉讼成本下降；制度预测论则会认为法院结果的预测程度下降。而管理论则会认为，诉讼率的增长是因为失效的管理，或者缺乏有效的纠纷解决方式的选择。

Ginsburg 和 Hoetker 根据日本 47 个地级市 16 年的数据，包括诉讼率、人口、经济结构、律师和法官人数的变化等，来检验这些理论的准确性。④ 他们发现，制度的变化最能得到支持。律师、法官人数的增加，以及鼓励使用民事诉讼的改革都对诉讼率增长有明显的作用。在这个意义上，Haley 的制度能力论得到了胜利。⑤ 然而，日本司法制度的可预测性并没有发生什么变化，因此，制度预测论无法解释诉讼率为什么上升。此外，经济发展的变化也对诉讼产生影响：当经济变差时，诉讼率上升。

---

① Takeyoshi Kawashima, "Dispute Resolution in Contemporary Japan", *Harvard East Asian Monographs* 115 (2001).

② John Owen Haley, "The Myth of the Reluctant Litigant", *The Journal of Japanese Studies* 4, pp. 359-390 (1978); Mark Ramseyer, "Reluctant Litigant Revisited: Rationality and Disputes in Japan," 14 *Journal of Japanese Studies* 111 (1988).

③ Takao Tanase, "The Management of Disputes: Automobile Accident Compensation in Japan", 24 *Law & Society Review* 651 (1990).

④ Tom Ginsburg & Glenn Hoetker, "The Unreluctant Litigant? An Empirical Analysis of Japan's Turn to Litigation", 35 *The Journal of Legal Studies* 31 (2006).

⑤ *Ibid.*

这一点与其他研究的发现一致，即经济变差时意味着更多的违约，人们也更愿意兴诉，即便这样会破坏已有的生意关系。但城市化并没有引发诉讼的增加，即城市或者现代文化未构成影响诉讼的显著因素。管理论或者政治论也没有得到印证，因为同期纠纷的其他解决方式并没有产生显著变化，如果政治精英的做法保持一致，那诉讼率的变化肯定另有原因。

至此，关于日本社会厌诉现象的讨论告一段落。各种理论可谓精彩纷呈，让人眼花缭乱。最近的经验研究更是横空出世，从崭新的角度给长期以来没有定案的理论争论提供了自己的答案。随着日本社会的发展以及更多的数据的出现，关于诉讼率变化的原因还可以继续讨论下去。研究诉讼率变化与其他因素的关系长期以来都是法律与社会科学中最有意思的难题之一。文化、制度和政治的解释各有其特点，而这一类研究为理解其他国家诉讼率的变化提供了启发。

家庭暴力能帮受害人离婚吗？

家庭暴力是离婚的法定条件。根据我国《民法典》第 1079 条的规定，一旦确定存在家暴行为，调解不成时，法院应当准予离婚。立法原意很明确，法官有义务和责任保护家暴行为的受害者。在家暴行为的威胁下，有些受害人生不如死。此时，离婚是最好的保护。

于是，离婚案件的原告在起诉时，通常将存在家暴作为离婚理由，希望早日摆脱孽缘。有关统计数据表明，家暴是离婚案件中"性格不合"之后的第二大离婚理由。但孽缘就是孽缘，"剪不断，理还乱"。"爱你恨你，问君知否？""打是亲、骂是爱。"对于有的人来说，爱恨交集才是最高状态。你想离，我偏偏不让你离；你死也要离，我离了就死；追求的状态就是，"生是我的人，死是我的鬼"。

最高人民法院的一项统计表明，在 27.8% 的离婚案件中，当事人提出存在家暴行为。① 以全国每年 150 万件左右离婚案为基数，可以推算出大概有 40 万离婚案件提出存在家暴行为。但问题是，家暴这个理由是否能够帮助受害人实现离婚诉求？

---

① 最高人民法院信息中心发布：《司法大数据专题报告：离婚纠纷》，http://www.court.gov.cn/upload/file/2018/03/23/09/33/20180323093343_53196.pdf，访问时间：2018 年 3 月 23 日。

基于前几年从裁判文书网下载的浙江省和河南省 15 万份离婚案件裁判文书，Ethan Michelson 新近的研究表明，原告在起诉离婚时提出存在家暴行为并提交证据，得到离婚的结果不但没有增加，在有的情况下反而略有降低。[①] 只要对方不同意离婚，法院关于是否离婚的决定与是否存在家暴无关，甚至有反作用。这就很奇怪，就算原告提出的家暴理由完全没有根据，就算家暴的举证存在困难，也不至于离婚与否与法律的导向相反？！

原因在于，在存在家暴的婚姻中，拒绝离婚的被告往往心理阴暗、手段残忍。被告不愿意离婚，原因种种，但很多是想通过拖延获得好处。法官轻松地让原告如愿以偿，保不准被告会做出什么过激的行为——上访、上诉、大闹法庭。法官不仅要"案结"，还要"事了"；不仅要应付绩效考核，还要"维稳"。当事人会不会报复原告和她（90% 的受害人是女性）的亲朋好友？谁能保证他们不针对法官做些什么？北京市昌平区人民法院马彩云法官遇袭案就是一个活生生的例子，这起惨案甚至发生在她做出离婚判决十年之后。哪个法官愿意判完案件后天天提心吊胆？很少有听说刑事案件、行政案件、经济案件的法官受到当事人的袭击而丧命的。出事概率最大的就是家事案件。感情纠葛让人血脉偾张，冲动才是魔鬼。离婚案件的当事人已经将多少法官变成伤员、烈士？法官为什么要去跟这些心狠手辣的人过不去？不求有功，但求无过，惹不起还躲不起吗？

而且，法律上认定家暴行为标准的灵活性为法官回避家暴问题提供了自由裁量的空间。打了几次才算得上家暴？一次、二次，还是八次、十次？什么样的行为才算家暴？物理暴力、语言暴力、冷暴力、心理暴力、

---

① Ethan Michelson, "Decoupling: Marital Violence and the Struggle to Divorce in China", 125 *American Journal of Sociology* 325（2019）.

性暴力以及殴打、捆绑、禁闭、残害算不算家暴？互殴算不算家暴？摧残到什么程度才算家暴？张剑源发现，即使受害人提出"轻伤"的认定，法院依然否认构成家暴行为。张剑源特别提醒，这里的"轻伤"不是指日常所说的轻伤，而是刑法意义上有具体标准、要承担刑事责任的概念。①在浙江某法院的一份起诉书中，受害者说她经常被对方打得鼻青脸肿，某年某月某日更是将她往死里打，以致她报警求助，第二天又联系妇联寻求帮助。一个半月后，对方掐住她的脖子使她几乎窒息，直到她咬伤他的手时他才放开。她也提供了医疗记录作为证明，但法院因为对方坚决不同意离婚，还是判决不离。最高人民法院应用法学研究所倒是发布了有关家暴认定的指引，可惜这种指引不属于司法解释，不具有法律效力。法官可以参照执行，也可以不参照执行。

2009 年我发表的一篇文章提出"离婚法实践的常规化"②，发现第一次起诉离婚时，法官十有八九不让离婚。判决书通常千篇一律地认定当事人"感情尚未完全破裂"，调解不离、劝说原告撤诉或者驳回离婚请求；不管手段如何，反正结果就是不离。这不需要纠缠离婚与否，不需要分割财产，也不需要定夺子女抚养权，结案又快，何乐不为？为什么法官要去引火烧身？判决不离婚，法官还可以振振有词地反对轻率离婚：婚姻大事，焉能儿戏？慎重考虑，有什么错？判决不予离婚，保护家庭完整，维护社会和谐，有什么错？宁拆十座庙，不毁一桩婚！

当法院判决不予离婚时，法官往往为施暴者撑腰壮胆："看你能的，还敢到法院告我？法院都不支持你！老老实实跟我回家。"③可能下一

---

① 张剑源：《家庭暴力为何难以被认定？——以涉家暴离婚案件为中心的实证研究》，载《山东大学学报(哲学社会科学版)》2018 年第 4 期。

② 贺欣：《离婚法实践的常规化——体制制约对司法行为的影响》，载《北大法律评论》(第 9 卷第 2 辑)，北京大学出版社 2008 年版。

③ Xin He, *Divorce in China: Institutional Constraints and Gendered Outcomes*, New York: New York University Press (2021).

次家暴会打得更厉害。法院拒绝判决离婚,事实上与警察懒理家事和妇联无力帮忙传达同样的信息:受害者叫天天不应,叫地地不灵。这就导致有些受害者走投无路,最终采取极端措施杀害施暴者,酿成悲剧。

对于家暴受害者的一个残酷却理性的忠告是,起诉离婚时不要提出存在家暴行为,法官的决定是律师的指引。李科的研究表明,当农村妇女向离婚律师提出存在家暴行为甚至是"婚内强奸"时,律师的回答是:"他的所作所为,都是合法的。"①

读者诸君会问,难道法官没有法律和道德底线? 当然有。在证据明显的情况下,法官也会判决离婚;只是在同等的条件下(统计学称之为控制),获得离婚的机会更小。原因很简单,法官也是人,也需要自我保护。人们先别着急站在道德高地指责,如果你置身于其中,或许做得更差。根本的问题是法官生存的制度环境。立法产生意想不到的后果,于斯为甚!

---

① 　Ke Li, "'What He Did Was Lawful': Divorce Litigation and Gender Inequality in China", 37 *Law & Policy* 153 (2015).

第六章

治学之道

有人认为,研究是否有趣不重要,因为重要的研究不一定有趣。这种说法没错,但"重要"如何衡量,不好判断。孔子和韩非子各自提出"儒""法"学说时,谁的学说更重要? 所谓的"重要",多少与社会建构有关。但对于研究者而言,生命是自己的,为什么非得要做一些无聊的研究?

Lawrence Friedman 刚进入学界的时候,威斯康星大学法学院院长 Willard Hurst 对他说,美国财产法史是一个空白,是个好题目。Friedman 后来说:"Hurst 百分之百是对的,但我没有去写。为什么? 我在写完犯罪与惩罚后,写了一本婚姻法的书,下一本书是关于恐吓和对性行为的规管,这些题目比按揭有意思多了。"①

Stephen King 也有类似的故事。② 他儿子七岁时,听完一段音乐后,主动要求学萨克斯。作为父母,孩子主动提出这种要求,自然欣喜而兴奋:也许儿子有这方面的天赋。为此,他们不仅买了乐器,还请了当地的名师,儿子也开始每天练习。但七个月后,他向太太建议,如果儿子同意的话,还是不要练了吧。儿子听到这句话,如释重负。原来他观察到,儿子除了像完成任务一样去练习以外,不会对这项乐器做任何更多的工作。萨克斯在每次练习结束后,就会安静地躺在皮箱里,直到下一次规定的练习时间。儿子从来没有一次会把它拿出来琢磨。是的,只有对一件事情有近乎痴迷的兴趣时,才会不停地琢磨,才会成为所谓的天才。

① Simon Halliday & Patrick Schmidt, *Conducting Law and Society Research*, New York: Cambridge University Press, 2009, p. 58.

② Stephen King, *On Writing*, New York: Scribner, 2000, pp. 149-150.

孩子能否成才，不是靠填塞，而是靠点燃。

美国设立"天牛"制度，目的之一就是要在6年里，辨别研究者对研究是不是有发自内心的兴趣。虽然"天牛"制度也带来很多问题，许多国家也采取其他的制度，但至少从结果上看，没有什么制度比"天牛"制度更成功。没有真正兴趣的人，即使在学术界生存下来，一旦缺乏外在的制度约束，也很快成为冗员。

正是因为兴趣才可以让一个研究者长期在学界耕耘，在不需要考虑工作、晋升、金钱时，仍然享受研究、学习的乐趣。这是一个良性循环。长期耕耘才可能发现其中的方法，捕捉到其中的奥妙，更享受其中的乐趣；否则，需要什么样的毅力和外部压力，才可以将研究继续下去？要知道，"研究是一项烂活！"文章的标题不是"失望的田野"，"没法教的技艺"，就是"负面沉迷"！面对进入实地和分析材料，多少学术大腕一筹莫展？而当对它充满兴趣时，就不会觉得读书是负担，写作是累赘，即使眼睛已经发红，手臂已经酸疼。

有人的兴趣是天生的，有人却靠培养，但共同点是在实践学习的过程中必须有进步。如果永远都是原地踏步，很少人可以坚持下去。这就是为什么需要正确的方法，为什么本书要避开吓人的理论，从具体的方法入手。如果研究是一门艺术①，那么，在前人经验的指导下，按照一定的方法不断实践，自然就有柳暗花明的"Aha"一刻：访谈对象开始信任，材料突然说话，山洞出现微光，侦探找到了线索，评审变得友善，编辑同意发稿。那么，这本书也就实现了它的任务。

治学之道，就是找到研究的乐趣。

---

① Wayne Booth, Gregory Colomb, Joseph Williams, Joseph Bizup & William Fitzgerald, *The Craft of Research*, Chicago：University of Chicago Press, 1995.

有趣的研究

研究的目的是知识生产,但有的研究味同嚼蜡,有的却生意盎然。有趣的研究不仅吸引眼球,而且带来启发,回味无穷,在开展相关研究时会自觉不自觉地引用。无趣的研究则催人入睡,即使下决心啃完也不知所云,三天之后完全忘掉,遑论引用。两相比较,生产的知识的实体内容姑且不说,文章的形式已经决定命运,影响力自然大相径庭。

地区研究的顶级期刊《中国季刊》于 2016 年发表了孙沛东的一篇文章,题目叫 *The Collar Revolution*①,标题可译为"领子革命"。这篇文章可以称之为有趣研究的典范。作者研究的是改革开放前广东地区的日常服装。之所以叫"领子革命",是因为作者认为,当时的服装并不像人们印象中是千篇一律的,全都是"蓝蚂蚁"或"灰蚂蚁"。至少有人有时着装个性张扬,多姿多彩。这个论点极具颠覆性,所以称之为革命。文章关注的恰恰又是改革开放前,"Collar Revolution"和"Cultural Revolution"不仅字形相近,而且读音类似,放在一起作标题,尽显谐音之妙,简直就是绝配。

---

① Peidong Sun, "The Collar Revolution: Everyday Clothing in Guangdong as Resistance in the Cultural Revolution", 227 *The China Quarterly* 773 (2016).

标新立异的题目好起，难点在于如何论证。作者深挖中山大学图书馆的各种资料，发掘了当时很多档案照片。不仅有所谓的不良少年的证件照，而且还有大量与港澳地区亲戚合影的照片。这些照片中的男士风度翩翩，女士风情万种，不输今日。此外，还有许多年轻人在照相馆的留影。在那个年代，照相还是个奢侈的事情，需要到照相馆去，而且往往是在照相馆提供的背景下照相。有的女士甚至开始穿上了后来引领 20 世纪 80 年代服装时尚的喇叭裤。更为重要的是，档案里面还有纪念"文革"开始十年群众游行的照片。游行群众，特别是年轻的姑娘们的衣着，也同样异彩纷呈，与部队游行时的服装相映成趣。文章的重点当然是探讨为什么会出现这样的情况，但标题和材料的有趣已经给读者产生过目不忘的效果。它之所以有趣，就在于提出一个反常识的论点，然后给出翔实的证据材料，完全颠覆读者对改革开放前大众服装的印象。这就是学术界常讲的，好的研究要在"意料之外，情理之中"。

说明：这是一张家庭合影照片，摄于 1968 年的广州。图中男士和女士的围巾，小男孩的翻毛大衣，中间男士的西式正装、围巾和皮手套，在今天都算时尚。照片来自孙沛东的文章。

　　有趣的研究有个特点，就是会冲击思维的常规，或者说有趣的研究多少要反常识。著作权的英文是"copyright"，人人习以为常。有项研究的题目却叫"copywrong"。[1] 作者创造性地把著作权中的权利（right）理解成"正确"，而将相反的意思"错误"（wrong）嵌入成词"copywrong"，用来质疑著作权法的保护是否过了头：保护期是否过长？内容是否过于严格甚至苛刻？什么是权利限制的合理范围？《纽约客》报道，在滥诉文化下的美国，有人因为使用自己的头像而被起诉。[2] 著作权法的最初目的在于用版税鼓励作者创造作品，今天版税可能已经不是作者创造作品的重要动因。至少大学教授发表论文、博文，基本上不是为了版税，冲着版税利益去的是出版商。法律为什么保护它们？类似地，有人提出是"copyright"还是"copyleft"？论者别出心裁地研究剩余的著作权。这些题目，与"领子革命"标题一样，都打破了人们的常规认知。这其实与研究的根本目的——改变已有的印象，或者说知识生产一致。

　　无趣的研究充斥学界。有项研究长篇大论，证明法官有时也按法律判案；更有人要动用大数据证明气温上升时人们少穿衣服。证实常识性的判断，不能说不是新知识，还可能是重要的知识，只是很难令人耳目一新。不幸的是，即使是顶级期刊，也有很多无趣的研究；不仅标题不知所云，读者要把标题中的几个词组合起来，已经颇为烧脑。与《领子革命》同期的《中国季刊》上有一篇讨论某种论争与某个时代的因果关系，老实讲，即使有绝佳的材料，也极难论证。就算实体内容上有所贡献，这样的文章注定要被遗忘。好几年给博士生上课时，我都拿那篇文章来作反

　　[1]　Laurie Stearns, "Copy Wrong: Plagiarism, Process, Property, and the Law", 80 *California Law Review* 513（1992）.

　　[2]　Luis Menand, "Crooner in Rights Spat", *The New Yorker*, October 20, 2014.

面教材,但每次重新拿起,也无法记起它的内容。

　　无趣的研究与有趣的研究的差别,如围棋中的俗手与手筋。俗手人人会下,结果可期;而手筋需要经过严格的训练和缜密的思考,妙手偶得,一出手就摧枯拉朽,一箭定江山。俗手按部就班,循规蹈矩,每一个忠实的士兵都可以做到;手筋变化无常,需要卓越将领的神来之笔。俗手隔靴搔痒,手筋力透纸背,酣畅淋漓。比之于人事,无趣的研究是张爱玲说的"语言无味、面目可憎"。有趣的研究之所以有趣,是因为"慧眼独具。"

即使你不同意我的观点,我也不希望你读得总打哈欠

在失望的田野上

多年前，一位同事兴奋地告诉我，说刚跟一位国内的老师和他的朋友吃饭，答应让他到某个政府机构去调研。我头也不抬，回答道：他们不会让你去的。同事瞪大了眼睛反问：你怎么这么武断？三个月后，他回来问我：你真神呵，怎么知道他们不会让我去？

在进入田野这个问题上，失望是常态，希望是例外，反正一肚子苦水。记得那是十几年前，我刚开始研究法院，一位在法院工作的同学在电话那头拍胸脯保证：调研到我这来吧，包在我身上。我从北京坐火车南下，同学也的确帮忙，驱车带我到另外一个法院，和他同一个办公室的同事正在那里挂职做"一把手"。人家接待也很热情，座谈、参观甚至办公室主任亲自出马，带着游览名山古刹。酒足饭饱之后，"一把手"问我需要什么材料，我说要近年民事案件数量的统计情况。他又问我用来做什么，我以为他想问具体的研究内容，于是回答说："大概是分析案件数量与当时社会经济变化的关系，但具体还不很清楚。"此言一出，"一把手"面露难色。同一间办公室的同事远道而来有事相求，自然应该努力帮忙，但毕竟是"港村"来的，要小心为上。"港村"虽然回归祖国，但当时在内地，对外开放还没多久，而且我也说不清楚会拿材料去做什么。最终他们没有给我任何这方面的正式材料，只是手写了近几年的经济和民事案件数量给我。在我的坚持之下，还提供了几份判决书(法律明确规定，判决书都是应当公开的，但当时判决书还没上网，而今天判决书上网成了常态)。法院副院长在递给我判决书的时候，还不停地说判决书上面有许多错别字，让我就当没看见。

当时我才刚刚开始研究法院，自己也不能确定弄清楚案件数量可以怎么用，自然说不出个所以然。虽然我要的是民商事案件的数量统计，但这个要求非常笼统，没有年份，也没有说具体是什么文件，如法院每年向人大所做的报告。研究者自以为清楚，但在对方的角度和工作习惯上看，就不一定清楚。有一个成熟的研究者告诉我，要去香港中文大学的大学服务中心找各县县志的历史材料，在什么标题下面打开目录就知道要复印哪一页。这才叫有备而来。否则，就是人家交给你档案室的钥匙，你也不知道要打开哪个案卷，翻到哪一页。

我当时只有一个大概的方向，想研究什么因素会影响案件数量变化。这是个很难回答的问题，并不是法官们熟悉的内容。他们可能有一些猜测，但这种猜测的主观性是很强的，每个人的经历、体会、判断都不一样。换言之，他们对这些问题没有专长，不是他们不愿意回答，而是我找错了对象。更普遍地讲，要找到恰好能够回答有关问题的人是需要甄别的：有的人没有洞察力，有的人不愿意说，有的人说不清楚。改革开放之初，Andrew G. Walder在香港做访谈，在报纸上登广告，付费给从内地来港的应征者。开始来了几十个人，可两轮筛选下来，就只剩几个了，因为只有这几个人对他想研究的问题有真知灼见。

享受了一顿闭门羹后，我还不死心，又找到另外一个同学，他正在某法院挂职做副院长。一切安排妥当，出发当天的早上他突然来电话说不行。原来他向院长汇报之后，立即遭到一通批评，意思是"送瘟神"还来不及，你还"引狼入室"。还有一次，我进了一家法院，同学的铁哥们在做业务"一把手"。开始时一帆风顺,直到最后,带我去的老同学担心给找的材料不够,不好向我交差,主动要求找档案里的民商事判决书去抽样。一听到要找判决书,想起上一次的经历,我心有余悸。于是主动解释,我对错别字没有兴趣,只是想了解一下案件的判决内容。院方表示没有问题,已经生效的民事案件还能出什么事。但由于工作量很大,院方安排一位办公室的女干事帮忙。女干事办事也很认真,完事之后,我的同学给她一百元表示感谢,她还推辞半天。当天晚上一夜无事。次日,我正准备打道回府。突然主管副院长来电,说民事判决书不能带走。原来女干事的父亲是退休的老院长,她也是接班才进的法院。昨晚回家后和父亲聊起白天发生的事,老院长一听,暴跳如雷:这还了得! 香港来的人居然拿走了判决书! 法院的组织性、纪律性都到哪儿去了! 他抓起电话,把在位的"一把手"臭骂了一顿,无组织、无原则、泄密等"大帽子"一扣,就有了后面的结果。我的同学说要不复印这些判决书,但我们合计了一下,谁能保证在这个小地方的复印店与国安部门没有联系? 到时反映这几个人形迹可疑,复印的是法院的材料,扣上盗窃国家机密的帽子,那后果岂不是不堪设想? 我的同学胆子虽大,这时也犯怵。当时似乎阴霾遍布,草木皆兵。最后商量后还是安全为上,我没有去复印那些判决书。其实后来才发现,最没用的就是那些判决书。也许都是那一百元惹的祸:当时一百元在内陆的小县城还不是微不足道的,法院工作人员的月薪也就 1000 元左右。如果不是敌特势力,没有特别的目的,哪来那么多资金?

　　做社会科学的研究,基本上可以说没有什么题目不敏感,只能说有些题目更敏感,或者在某些国家或地区更敏感。关于这一点,中外的情况都一样,并不是中国特色。《街角社会》的作者 Whyte 为了进入波士顿的意大利社区研究向上流动性,需要与社区的"地头蛇"打交道,先住进一个家庭旅店里,慢慢搭建关系,但人家开始还担心他是联邦调查局的卧底。①费孝通先生当年带着妻子去广西瑶山,受伤之后又回到姐姐家,进入时润物细无声,写出来文章后石破天惊,在当代好像不容易复制。

很多人类学家是通过长期在一个地方生活来克服研究难题的。但由于各种条件的限制,很多像我一样的学者无法这样做。替代的办法是通过社会资本,即通过提供材料人对田野工作者的信任完成研究,相信你会尽心保护信息来源。当然,这一点与需要调查的事项的敏感程度有关。在上述经历中,虽然我要的不是刑事案件数量,但对方还是戒心重重。学者们也许自认为自己的研究不会给材料提供人带来风险,但双方的信息是不对称的,对方无法确认不会有风险。面对一个初次见面的"港村"学者,是不是间谍还不是很清楚,有什么必要去承担这些风险?

在田野里,受访人不是机器人,什么能给,什么能说,他们都有考虑;如何考虑,与访谈人是通过什么关系进入有关。由于对我不够信任,他给我手写的数据,是不想留下任何证据,但从我的角度而言,我无法知道来源是否真实。他们给我几份判决书,除了有错别字以外,风险不大。但他们的每一个决定几乎都是经过深思熟虑的。当然,不同的题目和场合下,具体的情况略有不同,但偏见无处不在。我的博士导师在我去田野之前说:这个世界无数人都过着无聊的生活,你真心地表示对他们的生活感兴趣,他们自然就会乐意同你分享。我到了实地,碰了一大堆钉子,发现学界大师的话也不能全信。后来把他的话活用了一下:当时的题目是外地来京生意人如何规避法律,我先找管理人员,问他们外地人

---

① William Whyte, *Street Corner Society: The Social Structure of an Italian Slum*, Chicago: University of Chicago, 1943, p. 298.

是不是很难管理;然后找外来人员,问当地的管理者如何给他们"穿小鞋"。后来有人问我如何去做访民的研究,我说你就提出想知道他们遭到迫害的经历,他们恨不得都把你当成亲人,这样还能没有鲜活的材料?这些办法虽然可以帮助进入田野,但偏见是明显的。夸大事实,报喜不报忧,报忧不报喜,都是最正常不过的事情。研究者首先需要知道这种偏见,然后要想办法从其他渠道找更多的材料来减少这种偏见,"尽信书则不如无书"。

如何进入田野收集研究素材的难度不亚于完成另外一个博士学位。学者主要是与出版物打交道,到田野去则必须与人打交道。书是死的,人是活的,而且进入一片田野,也许一生就此一回。如同打仗一样,能不能攻城拔寨,除了运气之外,考验的是硬功夫。国内学界的一些朋友可以到法院、检察院、行政机关挂职,是做经验研究的学者梦寐以求的机会。而"海外"学术机构的学生、学者如何进入,是要绞尽脑汁的。国内的学者相对容易些,但相比纯粹图书馆里的研究,进入田野的困难也让许多学者要么望而却步,要么浅尝辄止。有一位年轻的同事说,经验研究的成果发表比较容易,我只好苦笑以对。

在田野长期耕耘,也不是没有收获,但更多的时候是只问耕耘,不问收获。抱着空手而归的期待,自然不会失望而归。而一旦有所收获,则是意外的惊喜。很多研究者都是经历过山重水复之后,豁然开朗的。Michael Palmer 老师跟我说,虽然依赖个别人来做研究不一定科学,但结果更重要。他说的是在汕头大学做院长时认识的一个村支书,运用风水和党纪来断案。我想不出能够比通过该村支书研究法律多元更好的机会。可惜学校给他的课排得太满,否则我们已经登上去汕头的高铁。这样的人很难在一次调研中就能碰到,这需要时间,也需要运气。之所以有的经验研究提供的材料缺乏创见,是因为没有找到对的人,或者对的人不愿意分享。一旦找到所需的条件，那就比矿脉还重要。在失望中寻找希望，是田野工作者的信条；如果能这样看，就能从失望的田野转而生活在希望的田野上。

　　我也常常想是不是改变下研究方法，只依赖图书馆、大样本数据做研究？在正在变化的大环境下，避开田野的困难，像英文世界大多研究中国问题的学者一样转向定量研究？但多年来我的改行好像没有成功。正如王小波回答为什么不去经商而是死守写作这个行当："我相信我有写作的才能。"信不信由你。不管怎样，开头提到的同事显然低估了进入田野的难度。他天真地认为通过以前老师的关系认识政府部门的朋友，在饭桌上许诺就可以安排调研。实际上，关系一经传递，必然大打折扣，何况是初次见面的关系。这种信任关系即使存在，也像蚕丝一样脆弱。况且在觥筹交错之际，人家还能说不行？酒桌上的话你也当真？根据这点已经可以断言其结局。

没法教的技艺

　　如何进入田野,是让许多研究者头疼的问题。毕竟,大家都习惯于同书本、学校、学者打交道,而进入田野需要和人且大多是陌生人打交道。大家从小就会背课文、记单词、读书和写作,但进入田野却是另外一套技艺,甚至是一个全新的博士项目。有的同事断言这事没法教;确实也有在读的博士生因为无法进入田野而退学。但还是有很多人不仅成功进入,而且拿到了翔实、生动、准确乃至令人叹为观止的素材。比如,Margaret Boittin 研究北京等地性工作者的法律意识。① 有什么题目比这个更难? 一个加拿大女生,在加利福尼亚州上学,如何与性工作者、老鸨、嫖客、警察、卫生人员打成一片? 由于她是俄罗斯裔,还被人当成……此外,也有人研究企业主如何逃税②、"二奶"的情感生活③、外地人如何逃避监管④、访民

① Margaret Boittin, "New Perspectives from the Oldest Profession: Abuse and the Legal Consciousness of Sex Workers in China", 47 *Law & Society Review* 245 (2013).

② Xin He & Huina Xiao, "A Typology of Tax Compliance in Developing Economies: Empirical Experience from China's Shoe Industry", 41 *Law & Policy* 242 (2019).

③ 肖索未:《欲望与尊严:转型期中国的阶层、性别与亲密关系》,社会科学文献出版社2018 年版。

④ Xin He, "Legal Evasion: the Strategies of Rural-urban Migrants to Survive in Beijing", 18 *Canadian Journal of Law and Society* 69 (2003).

采取什么策略①、官员如何腐败②、"关系"如何影响政府的决定③、非洲的中国企业的领导的想法④等。这些领域不仅敏感，而且多少都有不道德甚至违法的因素。怎么老外都做到了？真的就难到学不会、没法教？游泳、骑车、滑冰、恋爱、炒股不是也有培训班吗？先看看前辈学者是如何进入田野的。

1958 年，当伟大的人类学家 Geertz 夫妇来到一个 500 人左右的巴厘村庄时，他们面对的是村民们近乎残酷的冷遇。⑤ 当地人避开他们，不和他们说话，好像他们不存在一样；即使是被堵在墙角的时候，也只是嗯嗯地支吾，眼神游走于三米以外。Geertz 夫妇是不折不扣的侵入者、不速之客，除了房东和村长——因为要安排他们入住——跟他们说过几句话之外，没人跟他们交流。这样下去，不知道猴年马月才能融入社区，了解到这个社会的内在特质。

一天下午，许多村民在观看斗鸡比赛，Geertz 夫妇也去凑热闹看看。这是当地人热衷的活动，虽然被法律明文禁止。也许是因为这次斗鸡活动是为本地学校筹款，也许是因为打通了"关系"，也许是因为警察近来很少突袭，当地人认为这次活动非常安全。斗鸡在村中显要的地方进行，围观者数以百计。当比赛进入第三轮，大家正沉醉其中的时候，一辆

---

① Yuqing Feng & Xin He, "From Law to Politics: Petitioners' Framing of Disputes in Chinese Courts", *China Journal*, 130-149, 2018.

② Peng Wang, *The Chinese Mafia*: *Organized Crime*, *Corruption*, *and Extra-legal Protection*, Oxford: Oxford University Press, 2017.

③ Xin He & Kwai Ng, "'It Must Be Rock Strong!' Guanxi's Impact on Judicial Decision Making in China", 65 *American Journal of Comparative Law* 841 (2017).

④ Ching Kwan Lee, *The Specter of Global China*, Chicago: The University of Chicago Press, 2017.

⑤ Clifford Geertz, "Deep Play", in *The Interpretation of Cultures*, New York: Basic Books, 1973, pp. 412-454.

满载警察的卡车突然冲进斗鸡场,警察们举着枪,像针对匪徒一样指着人们,只是没有开枪! 参与者、旁观者尖叫着"警察"四处逃散,有的躲进柳条屏风后面,有的钻到挡板下面,有的爬到椰子树上,其他人向各个出口狂奔,斗鸡也在惊吓中乱叫,实实在在的尘土飞扬、鸡飞狗跳。Geertz 夫妇没有时间细想,便朝住处的方向逃跑。在他们快跑到半路时,眼前已经是一片稻田,过去就是火山,再无藏身之处。他们只好跟着身边一起逃跑的家伙躲进了一户人家,进去之后才知道他就是这家的主人。他的老婆显然身经百战,迅速摆出桌子,沏上一壶茶。三人刚坐下,警察进来了:两个白人在这里干什么? 居然还是斗鸡分子! 主人盯着警察的眼睛,冷静地回答:"这两位是美国教授,来研究咱们的文化和习俗,向美国人介绍印尼的文化,而且有政府的批文。我们已经在这里聊了一下午了,哪里有什么斗鸡?"Geertz 正纳闷:从来没有跟这个人说过话,怎么他就把自己的情况了解得一清二楚! 警察看了一圈,找不出破绽,悻悻地离开了。

第二天早上,对于 Geertz 来说,这个村庄变成了另一个世界,所有的坚冰都已消融。他不再是并不存在的隐形人,而是全村人的焦点。热情、好奇、欢乐交织在他们身上,每个人都知道他们昨天跟大家一样逃跑。村民们不厌其烦地询问他们逃跑的细节,一天下来,Geertz 最少重复回答了 50 遍。村民变着法儿逗他们:你们为什么不站着不动,告诉警察你们是谁? 为什么不告诉警察你们只是观看,没有参加赌博? 你们真的害怕那些枪吗? 作为世界上最矜持的人群,巴厘村民甚至模仿他们逃跑时害怕的神情。毋庸置疑,拿他们逗乐意味着对他们的完全接受,没有什么比开玩笑更可以显示出亲近和无间。从此,他们已经不再是外人,而享受到村民的待遇。每个人都非常开心,整个村庄向 Geertz 敞开。

就连本地人也很难接触的神父，还专门请 Geertz 到住所去询问逃跑的细节。他们情急之下逃入的那家人更成为最重要的信息来源。

为什么逃跑打破了 Geertz 与本地人的界限？关键在于，Geertz 没有堂而皇之地拿出政府批文，表示自己是美国来的重要访客，而是选择了站在本地人一边，展示了与村民的团结，Geertz 夫妇成功通过了大考。

逃跑成了身份认同的试金石。这个人是不是属于我们这一伙的？作为美国教授，他们完全可以不跑，警察肯定也不会为难他们。但他们选择同本地人一样拼命逃跑，就表明他们不仅愿意参与受到当地文化认同的违法的斗鸡活动，而且跟他们一样，把警察当成敌人。逃跑表明在警察与村民之间，他们选择站在村民的一边。既然有了共同的敌人，村民自然伸开双臂拥抱他们。如果这场突袭类似于警察发动的一场战役，那么 Geertz 与本地人就形成了战斗检验过（battle-tested）的友谊。

警察突袭斗鸡比赛事件是个偶然事件，基本上无法复制。对于迫切地期待能融入当地社会的田野工作者而言，简直是"天上掉馅饼"。虽然 Geertz 实际上透露出恐惧和懦弱，但没想到这种行动可以带来这样的"福利"，这个事件真是可遇不可求。但它揭示出的道理是普遍性的：身份认同是获得信任的重要路径。

因此，进入陌生的田野时，首先需要强调与访谈对象的相同之处。这个办法在各种成功的田野调查中显现。我们都知道，在盛行酒文化的时代，能够喝酒是打破隔阂的好办法。在田野中，不是找区别，而是异中求同，需要找的是以下关键词：同学、同乡、同事、同庚、同好、战友、校友、舍友、牌友、球友……

　　不是同,就是友,反正不能有差异。会说本地人的方言最好,如项飚当年调查北京"浙江村"。不会说本地话,也要努力异中求同。苏力老师去法院调查,不是强调他是北大教授或者留美博士,而是他当兵五年。这对于法院的军转干部而言,不亚于他乡遇故知。虽然工作不一样,但都当过兵、读法律,有共同的过去和梦想。[①] 同理,美国学者最好谈资本主义国家的治安有多差、种族歧视盛行、贫富差距巨大。视情况可能还要高歌一曲《我的中国心》。Kathryne Young 到夏威夷去研究当地人的斗鸡活动。虽然她通过家族的关系认识了当地一位鸡民,但同样面临身份认同的问题:她是从美国本土去的,而且是白种女性,而鸡民基本上都是夏威夷本地男性。面对每个问题,她小心翼翼,因为她知道每个问题都是考验,而她需要做的是把短处变成长处。比如,当人们问她,学费是不是很贵?她马上听出弦外之音,"在博士项目里,我当教学助理,学校减掉我的学费,而且提供一点生活费"。人家问学校周边的房租是不是很贵,她说是,所以只能住得差一点。[②] 当人们跟她说:能上斯坦福大学,你肯定很聪明! 这似乎只是一句赞美的话,但年纪轻轻的 Kathryne 不是一般的老到回答:"对的,对于一个葡裔人来说。"她这么说不仅因为她有葡萄牙人的血统,而且在本地人看来,葡裔人往往不是那么聪明。她利用自己的身世,巧妙地避开了与本地人之间可能存在的教育背景上的差别,并通过自嘲把自己和当地人紧紧联系在一起,从而通过身份认

---

　　① 苏力:《送法下乡:中国基层司法制度研究》,中国政法大学出版社 2000 年版,第 12 章。

　　② Kathryne Young, "Understanding Illegality: Tests and Trust in Sociolegal Fieldwork", 9 *Journal of Organizational Ethnography*: 223, 2020.

同的考验。①

　　大家都知道,进入田野时最好有"关系",但"关系"领进门,修行靠个人。通过一定的"关系"进入田野以后,成功发展信任是下一步。简言之,田野调查第一招:身份认同是关键。

---

　　① Kathryne Young, "Everyone Knows the Game: Legal Consciousness in the Hawaiian Cockfight", 48 *Law & Society Review* 499 (2014).

八仙过海：如何进入田野？

　　进入田野之难，让无数研究者望而却步。2002 年夏天的一个午后，我贸然进入北京"浙江村"的一所家庭幼儿园，穿着大裤衩的男主人问我来做什么。我满脸堆笑，递上名片，说想了解幼儿园和周围居民的情况。看我不像是一个要送孩子来上学的家长，男主人没有还以笑容；盯着名片不到 3 秒钟，他说："你这是想干什么？赶紧走！"

　　二十年快过去了，我还记得起他半带疑惑、半带怒容的神情。后来我琢磨这件事，总觉得自己有什么地方做得不对，心虚得不敢跟人交流，但总是没想清楚。后来才发现，大腕们也有类似的经历。Sally Merry 曾前往波士顿的剑桥镇警署，希望坐在警察的汽车里观察他们如何处理黑人和白人聚居区的冲突。警察看着她，一脸鄙夷说道："赶紧滚吧！"当时是 11 月份，初冬的新英格兰雨夹着雪，她怀着 8 个月的身孕，在寒风中瑟瑟发抖[1]，这是何等的羞辱！可想而知当时她的心情低落到什么程度。Malcolm Feeley 教授开始研究康涅狄格州纽黑文的法庭时，法官和法院的工作人员对与耶鲁大学有关的所有学者、学生都充满了戒心甚至

---

　　[1]　Simon Halliday & Patrick Schmidt, *Conducting Law and Society Research*, New York：Cambridge University Press, 2009, p.134.

敌意。在他们眼中,这些耶鲁人不是记者就是来挑刺儿的! 而谁家没有杂乱的后院和脏衣服![①] Engel 说:"法院的工作人员无权不让我看那些案卷,但他们可以不让我在某张凳子上看,或者某张桌子上看。每天愿意拿多少案卷给你看也得由他们决定。"[②]而我自己开始研究法院时,有一次连大门都进不去。门卫说,你没有二代身份证!

　　法律与社会科学的研究要进入田野,更是难上加难。因为法律与社会科学就是要找出法律与现实的差别。从学术上看,这种差别是很正常的,因为没有法律会得到百分之百地执行。但在平常人看来,很多做法不便为外人所知,有违法或者至少有不合法的因素。在我国的政治、社会环境下,很多问题都敏感。没有太多的人希望成为法律与社会科学研究的对象。排斥是规律,友好是例外。

　　然而,很多人成功地滑浪而行,即使这个过程充满了偶然。在前文叙述中,Geertz 获得当地人的信任是因为警察对斗鸡人的突袭,而作为旁观者的 Geertz 做出了正确的选择——和本地人一起逃跑。这种突袭当然是可遇而不可求的。而 Feeley 的破冰点发生在另外一个偶然事件上。当法官和检察官因为庭前分流的数量争吵不休时,Feeley 说,为什么不可以在一批样本上找到合适的比例,然后按这个比例进行。大家都觉得是个好主意,然后 Feeley 着手参与这项工作,马上成为一起工作的同事。[③] Merry 在进入离她家只有 10 分钟车程的第一个调解中心的时候,碰到的是充满敌意的冷遇。在调解结束后,调解员给她扔过来一张

---

①　Simon Halliday and Patrick Schmidt, *Conducting Law and Society Research*, New York: Cambridge University Press, 2009, p. 44.

②　*Ibid.*, p. 85.

③　*Ibid.*, p. 40.

报纸,说道:"看,这就是对我们的批评!"①但当她驾车到 1 个小时车程以外的另一个调解中心时,那里的调解员却非常友好,甚至当另一名调解员没来时,中心还邀请她来做调解员,因为第二个调解中心有心研究这个过程。有教授参与,还可以一起讨论,何乐而不为? 我在浙江村的家庭幼儿园吃了"闭门羹"之后,碰到村口正在等客踩三轮车的民工。登上他的车,一圈都没有转完;当他知道我是做研究的学生时,他就热情地请我吃饭,还介绍我认识他的朋友,最后死活不收我的车费。由此坚冰打开了缺口。

当然也有人根本就不觉得难。王颖怡研究拉萨的虎皮生意,好像不费吹灰之力。她正在美容店里做指甲时,和邻座的导游聊天,在她们等待指甲干的时候,对方告诉她,在某个店铺里,表面上卖的是羊头,其实卖的是非法的"狗肉"。② 又如 Robert Kagan 研究美国的规管正义。他在读博士之前已经从法学院毕业做了 7 年律师。但直到快要修完博士课程,他对博士论文的选题还是一片茫然。当时尼克松总统宣布要进行工资和物价挂钩的改革。坐在电视机前的 Kagan 感觉到这是很好的研究题目。他立即赶到华盛顿特区找到主管官员,说希望研究这个过程。主管官员曾经是一个律师,还与 Kagan 代表不同的当事人参与过一个案件。这个官员很快说:"你愿不愿意在这里工作一段时间?"

为什么这位官员对 Kagan 没有戒心? 因为他本来就是在华盛顿特区进进出出的律师,富有经验和自信,不觉得年轻的 Kagan 会对其形成威胁。同时 Kagan 也是律师,他们之间打过交道,有一定的了解和互信。

---

① Simon Halliday and Patrick Schmidt, *Conducting Law and Society Research*, New York: Cambridge University Press, 2009, pp. 130-131.

② Rebecca W. Y. Wong, "A Note on Fieldwork in 'Dangerous' Circumstances: Interviewing Illegal Tiger Skin Suppliers and Traders in Lhasa", *International Journal of Social Research Methodology* 18.

有一个愿意来白打工的助手,何乐而不为?①

　　种种偶然,其实都不是偶然。在很大的程度上,好运不过是机会青睐有准备的头脑。王颖怡在进入田野之前查过很多资料,才知道哪些城市的非法虎皮生意盛行。Kagan 当年从律师事务所回到研究生院就发现,当时的法律与社会科学领域并不关心政府规管和行政管理,更多的研究聚焦于法院和案件,但对行政行为这种事实上与老百姓的生活息息相关而且没有律师作为媒介的领域无人问津。如果不是有长期的律师经验,读了很多书,修了很多课之后,他怎能意识到,物价和工资改革是个适合研究的好题目? 凭什么一个电视节目或者信息,就能点燃研究的火花? 为什么他会立即动身,牢牢地抓住这个机会? 这种所谓的"本能",其实是长期熏陶的结果。Geertz 在警车突然出现的一瞬间,必须决定是跟鸡民一起逃跑,还是掏出政府的批文,表明自己超然的身份。作为人类学家的训练决定了他本能地站在鸡民的一边,因为人类学的原则是"入乡随俗"。② Feeley 教授研究过统计,自然对抽样等问题了然于胸,所以在法官和检察官争吵时能够提出有价值的建议。

　　陈柏峰在一次讲座上说,"当碰到问题时,去问一个活人,比在历史资料中找答案容易"。这其实是他的偏好,因为他不觉得和人打交道有困难。这个偏好或者特质也许造就了他在田野中的成功,但不同的人的特质和偏好是不同的。当 Lawrence Friedman 被问及为什么不去做访谈时说,"我试过去做访谈,但毫无结果。我不会同人打交道,说话的时候不清

　　① Rebecca W. Y. Wong, "A Note on Fieldwork in 'Dangerous' Circumstances: Interviewing Illegal Tiger Skin Suppliers and Traders in Lhasa", *International Journal of Social Research Methodology* 18.

　　② Clifford Geertz, "Deep Play", in *The Interpretation of Cultures*, New York: Basic Books, 1973, p. 415.

楚,经常卡壳,说错话。我在别人不理我时感到很尴尬和委屈"。① 无法想像在日常交往中,睿智和风趣的大师在面对田野研究时竟然有这样的问题。Friedman 的解决办法是:"去研究历史,因为你不需要访谈死人!"

也许正因为 Friedman 不擅长访谈,反而造就他成为这个时代最伟大的法律史家。2018 年,将近九十岁高龄的 Friedman 再次在剑桥大学出版社发表新书②,而他的上一本书在 2016 年由哈佛大学出版社出版③。以他的年龄早就不去做访谈了,但这不妨碍他继续开展法律史的研究。对他来说,书中不一定有黄金屋,但肯定有许多问题的答案。他开玩笑说,只要活得长一点,所有的研究都是历史。对他而言,没有比研究法律史更轻松和更有意思的事。他的成功在于避开自己的短处,更是将长处发挥到极致。

八仙过海,各有奇招

①　Simon Halliday & Patrick Schmidt, *Conducting Law and Society Research*, New York: Cambridge University Press, 2009 p. 51.

②　Lawrence Friedman, *Crime without Punishment: Aspects of the History of Homicide*, New York: Cambridge University Press, 2018.

③　Lawrence Friedman, *Impact: How Law Affects Behavior*, Cambridge: Harvard University Press, 2017.

负向沉迷——做什么都行，就是不能写作

　　所谓沉迷，本来就是负面的，但有人运用逆向思维，创造出"正面沉迷"（positive addiction）的概念，是指对工作、锻炼等正面事物保持良好的习惯。我想谈的是负向沉迷，与负面沉迷差一个字，指的是沉迷于"逃避"最需要做的事情；做什么都可以，就是不能直面大写的"它"。

　　学者（包括博士生）大多有大量自由支配的时间。没有上班打卡，更没有早九晚五，只要自己愿意，天天都可以凌晨就寝，第二天睡到自然醒。这本来是让人羡慕的生活，然而，时间上的自由并不保证转化成效率，也并不意味着摆脱了压力：博士生要完成毕业论文，学者更要发表。即使成为"天牛"之后，也难逃灵魂的拷问：什么是你的贡献？对不起这份薪水倒在其次，是否会白活一生？

　　研究者在怵头的研究主题面前，就会找各种各样的理由。自媒体时代，看手机是自然的选择。有同事对学生说每天会查 10 次电邮，说这是最好的联系方式。没说的是，他可能每天刷 100 次微信朋友圈。也有同事可以盯着股票行情一个上午，行情变化的曲线就好像是心电图，每一刻的跳跃似乎直接关系到生命的存亡。这些学者不是"巨婴"，智商、情商都没有问题，明知没有比这更傻的事，就是沉迷其中无法自拔。国家

年度课题申请下周一截止,周四还先写推文;拿到邀请修改的报告之后,不愿正视负面连篇的修改要求,怎么也不愿意开始修改;写作中每碰到一个需要进一步研究的问题,先查下手机地图或者浏览交通消息,或者先发个可有可无的朋友圈……

不要误会,这种沉迷并不令人享受。股票行情怎么还不变?地产新闻怎么还不更新?朋友圈怎么都了无新意?学校怎么还不通知加薪?这些想法有时会让人无聊得万念俱灰。就我而言,先做简单的行政工作,反正不用烧脑;天下大事是经常关心的事情,《明报》本来是我的首选,但由于众所周知的原因,近年来实在是"没眼睇",只好转向《纽约时报》,可惜大洋彼岸的情况同样糟糕。感谢上帝,苹果电脑与弈城不兼容,否则一旦开始在办公室的电脑上下围棋,后果不堪设想!清晨的阳光洒进校园时,还溢着草香,一眨眼日已至中天;打上一个盹,梦醒时分已到下午 3 点。当阳光斜照进办公室时,泛起的不是东方之珠的金色轮廓,而是对虚度生命的惆怅、内疚和自责。紧接着,就到了陪娃运动练琴或者做功课的时间。亲情自然最重要,那还做什么科研?没有比这更好的解脱借口!日落西山,"可耻的一天"(还好,不是"可耻的一生")就这样结束。

心理学家建议,人每天开始时应当先做难的事情,如果马上动手,就可以早点摆脱它,其他的工作就会顺利很多。但我等凡夫俗子,总有畏难情绪,而且知道学术没有止境,也没有摆脱的可能,所以还是先做易事。真正的问题不是真的有这样或那样的"瘾",而是不愿意去面对难做的研究。做研究不是请客吃饭,而是极限运动,是挑战自我,就像面对比自己强的乒乓球球手。小学时老师就告知,只有和更强的对手打,球技才会提高,但我还是喜欢找水平相当或者比自己差一点的对手打,可能人人都会依恋自己的舒适区。教育别人多用增长型思维,减少固定型思维不难,难的是用到自己身上。就我而言,每一天开始下笔时都难,如果能够把当天工作的文本文件打开,已经成功了一半;能够开始写上一段,就成功了四分之三。

一旦进入这样的怪圈,克服起来更是困难。香港高校的暑假之长,只会让内地同行艳羡。四月底开始结课,到九月初新学期才开始。假期开始时雄心壮志,要么完成新书,要么写几篇雄文。只是博士生都说,这样的话老师您已经说过好几次!可是上述的怪圈日复一日,假期转眼过半,还不如学期时的效率,后果是绝望或者抓狂;至少学期中每周都要上课,知道每周可以用来科研的时间有限,反而容易立即进入科研状态。

有人能够以毅力克服沉迷,像村上春树,那本来就是天才。可是,像他一样每天先跑完马拉松再写作,不是我可以考虑的选择。能够持续的努力,是写进基因里面的素质,况且,过分强调努力,也可能害了莘莘学子。相信努力就能成功,从一开始就错了,否则最成功的应当是富士康的工人。就算一直面对电脑,也是想写也写不出来的时候居多。从时间管理的角度来讲,所有高产的学者(剥削研究生的不算),都是把最好的精力留给最难的事情,而且形成规律。据说,黄宗智教授每天都会在凌晨起床,先做5—6个小时的研究,上午10点来到办公室时,一天中最重要的事情已经做完。王贵国教授的做法也类似。在没有其他会议的情况下,他通常下午4点离开办公室回家。很多人只看到他这一点,没看到的是他每天上午5点起床开始做研究,7点前还为家人做好早餐。老同事 Bjorn Ahl 说,他的办法是早上起来就开始工作,不看电子邮件。Lawrence Friedman 每天上午8点到办公室,下午3点到图书馆查资料,见访客、学生,几十年如一日。在我辈看来很难的事情,对他而言十分享受。毛主席曾教导我们，一个人做一件好事并不难，难的是一辈子做好事。同理可推之。另外，有的研究者找到合拍的合作者，互相监督，对克服开始下笔的困难也有帮助。无论如何，高产人士有的是办法，我心向往之。然而，知道别人成功的诀窍和自己能不能做到是两码事。中学时就知道富兰克林的名言："Early to bed, early to rise, makes a person healthy, wealthy and wise."可是，面对静谧的夜色，凌晨1点、2点甚至更晚，就是不愿意去睡。曾正文公说，"黎明即起，醒后勿沾恋"，对我来说不是一般的困难。在很长一段时间里，我做的最有规律的事是下午5点去打球，甚至惹来校长的关注：这家伙哪来那么多时间？至于我是不是分配固定的时间高效地做科研，读者诸君最好不要问。如何把打球的"毅力"移植到科研和写作上，是一个国家级重点课题。

或许慢热是一个好办法。一早到办公室，把当天要做的事情逐条列出。虽然知道应当先做最难的，但总是先从简单的事情开始。当容易的事情做完，如"温水煮青蛙"般地转向"难啃的骨头"，这样过渡起来似乎要容易些。就好比已经热好身，再面对比自己强的乒乓球手，这时或许会暂时忘掉即将来临的失败，让增长型思维稍占上风，慢慢地进入状态。

如果碰巧进入一个研究课题，开始了高效的研究状态，就千万不要停下来，因为集中精力于一个研究课题时，继续写作的困难会小一些。而开始某项研究之后，中间再去做别的事，慢冷之后，难上加难。这种困难，如同起动有问题的汽车，碰巧打着了，就不要再刹停，甚至加油时都要开着引擎。同理，进入科研状态以后，千万不要中断，就如进入经济上升周期，央行想方设法将它维持得更长一样。

负向沉迷会不会变成定向沉迷，是个未知数。从结果上看，至少定向沉迷优于负向沉迷,因为它还可以发展一些业余的小把戏,或许我也可以写一本如何成为虎爸或者围棋五段的小书。无论如何,转为正向沉迷的机会比较小,那需要坚强的毅力和远大的理想。不知道学界高产的大牛们,都是卓绝的异类,还是加油时都开着引擎的问题汽车。

做好选题的准备：买一送一的离婚判决

　　文本的法律与实践的法律之间的差别，在任何社会都俯拾皆是。有的法律本来就有其他目的，可能故意不需要落实；对于很多法律，运动式、选择性执法是常态。可是，仅仅发现差别的存在还不够，难点在于能否在差别中发现规律并做出合理的解释。

　　十五年前，我在某基层法院进行漫无目的的调研，工作之余隔壁办公室的法官过来谈天说地。他是律师改行做的法官，逆时代潮流而行，足见其社会阅历之丰富。聊天刚开始时不过是对法学教育的一番抱怨：长期以来，法学教育奉行"本本主义"，几乎不触及实践中运行的法律。他说："有哪位老师教过，法院对首次来离婚的当事人基本上都是说不的，第二次以后才会准予离婚。"

　　十五年过去了，我仍然记得当时这句话让我十分触动：天下还有这般荒唐的规律？那还要法律何用？"婚姻法"是我本科修过的最枯燥的课程之一，课程的重中之重就是处理"离还是不离"的问题。根据我国《民法典》第 1079 条的规定，是否准予离婚取决于双方当事人的"感情是否确已破裂"。但这个世界上没有什么比感情更难衡量的：如果一千个读者就有一千个哈姆雷特，那么一千个法官就有一千个判断标准。当然，法条上也列明了一些更具体的条件，如有家庭暴力、因感情不和分居满两年、与他人同居、有赌博或吸毒等恶习屡教不改等,但这些标准几乎没有一项是硬指标。比如,如何认定家暴？打人有无次数要求？用什么工具打才算家暴？殴打行为导致轻伤算不算家暴？语言暴力算不算？一个学期下来,翻来覆去地讨论什么是准予离婚的标准,我却不知所云,似乎什么也没有学到。

那位法官接着向我解释,受到法院考核机制的影响,法官们基本上都不会判决第一次申请离婚的当事人离婚。不管一方当事人闹得多厉害,法官往往都无动于衷。这是因为判决不离是最简单的结案方式——什么都不用做,就已经结案。而如果判决离婚,则必须就财产分割和子女抚养展开诸多工作。同时,判决不离也是维护家庭和社会和谐的重要措施,不容易产生错案。婚姻那么大的事,怎么能够一次就结束,当成儿戏？当事人回去冷静地等待半年,如果还是想离,自然就会再申请。此时,第一次不予离婚的判决就成为第二次判决的依据。在双方冲突不是很激烈的情况下,法官就会准予离婚。这种做法增加了结案数量,照顾了工作量考核的要求,又避免了当事人因对判决结果不满而提起上诉或上访。

听到法官这番话,我两眼放光,直觉告诉我这里面可能有一个"富矿"。我立即去资料室,找来案卷进行研究,又马不停蹄地去旁听离婚案件的审理,以印证法官的说法。这就成了我的第一篇离婚问题研究——离婚法实践的常规化:第一次申请离婚的判决结果大多是不离,随着申请次数的增多,判决离婚的可能性大幅提升。此后,我还发现法官在确定案件程序分派时,就已经基本确定了案件的结果。如果判决不予离婚,基本上就采用独任审判的简易程序,这是因为判决不予离婚的工作量小,当事人因为案件结果出事的可能性也小。而如果打算判决准予离婚,很可能就适用普通程序来处理。这时如果当事人之间的矛盾激化,也可以用集体的名义分担责任。由此,法院的业绩考核和审判管理解释了法官们为什么要将离婚法实践常规化。到了这一步,捉摸不定、深不可测的"感情是否破裂"的规定已经被小学生也能辨别的两个标准取代:您是第几次来离婚? 法院安排的审理程序是普通程序还是简易程序?

　　文章完稿后,我心里还是有些忐忑:婚姻法不是中国法学关注的焦点,这方面的文章会不会被学界接受? 当时只是忐忑地投给一个婚姻法和政策方面的小期刊。此后,这篇文章也激发了我对离婚现象的强烈兴趣,开始对这个领域展开了更广泛的研究。今天回想起来,很庆幸能够听到那位法官的观点。在这类案件中,文本的法律与现实的法律之间的差别是显而易见的,重要的是法官提示了差别的规律。一旦出现规律,接下来要做的工作只是去印证这个规律并做出解释。对法官来说,这可能是日常工作中耳熟能详的现象,而且像这样所谓的规律可能还有很多。这里面也会有文章可做? 问题在于,在哥伦布发现美洲大陆之前,玛雅人、印第安人已经在美洲大陆生活了几千年。但是,为什么美洲之父是哥伦布,而不是那些早就生活在美洲大陆上的不计其数的原住民?也许这个问题值得商榷。毕竟,哥伦布发现新大陆只是在西方中心主义的语境下才被认可。但关键在于,即使在西方的语境下,他也是期待有所发现的。可是法官天天都面对诸多现象,可能没有做好准备去发现学术问题。他们也许需要更具有穿透力的眼光,超越日常现实,挖掘平凡现象背后的不平凡规律,从禅宗的"山即是山,水即是水"上升到"山不是山,水不是水"的境界。

　　Sally Merry 常说:每一项研究都是一场赌博,因为开始的时候研究者很难预测到结果会是怎样。但有准备和经过良好训练的研究者,在这场赌博中获胜的机会要大一些。这跟围棋中职业棋手和业余棋手的区别是一样的。因为有长期的训练和准备,职业棋手一眼看去就能感觉到有棋的地方,然后集中精力论证第一感是否成立,甚至猛然悟出"急所",从表面无棋处出棋。而业余棋手的棋艺时好时坏,更多的时候面对棋盘是一脸茫然,随手一下,将有棋的地方填上俗手,白白浪费机会。人类学家说,在进行田野调查的时候,即便睡觉,耳朵也要听着,因为机会稍纵即逝。

离婚诉讼中的规律

文献综述需要工蜂还是侦探?

为了开始新项目,一位同事在文献上做了这样的准备——下载了上百篇英文文献,而且还准备了十几本相关的图书。我心里直犯嘀咕:这要都印出来,是否会跟澳洲的山火一样消灭森林?

一、 列举式

文章开始于文献综述,据说学术项目的头几个月就是用来做文献综述的。如果对坊间的做法做一下分类,最常见的方法是列举式,将所有相关的研究成果都提到,因此也可称之为"领域式"。由于对于"相关"的程度的把握不同,有的文献综述很简单,有的则长篇累牍。不管文献综述是简单的还是冗长的,共通的问题是不着痛处,多一句不多,少一句不少,删掉任何一句对文章的整体都不会有影响;即使碰到真正相关的,也只能浅尝辄止。

列举式的做法也许是为了展示工作量:您看,我都知道这些相关研究成果,综述的"综"不是有了吗? 前面提到的同事找了上百篇文献,其实是"胡子眉毛一把抓",只有"综",缺乏的是重点和真正的对话。

列举式也可以理解成"抬轿子式":人人点到,谁都不得罪。所有的相关研究,甚至本来不是那么相关,也要扯上一点关系,以表示自己对同行的尊敬。在一些相对较小的研究领域,甚至每个行内同事的研究都要提到。这是在学术江湖上生存的要诀,当然顺带也展示一下自己的工作量。

二、 分类式

比不加区分的类比高一个层次的是分类式,按照某些标准,把已有的文献大致分分类、码码齐,然后指出本研究是哪类研究的延续。为什么用这些标准分类,大多不做说明,与要推出的新研究的关系更不作说明。

如果要推出一门新式武功,不能只是提一下江湖上的派别,打个招呼,声称新式武功将延续哪派的路数。为什么提的是少林、武当,而不是崆峒、神剑,或者九阴真经、一阳指?对要开展的研究的定位和贡献没有搞清楚,就将自己归类于某个派别同样不着痛处。

三、 综述的目的是什么?

归根结底,上述做法都没有把已有研究的不足说透。为什么新研究能够深化已有的研究?说明了新研究属于某个门派,但没有说明新研究在什么方面推进了这个门派的发展。说不清楚的时候,最好的办法就是展示工作量,砸上几十篇这方面的文献。这在美国由学生编辑的法律评论中很常见。注脚多过正文,反正找注脚的是学生,教授只需要出点经费;肤浅不说,错别字还一堆。

文献综述的根本目的是展示已有研究的不足,表明正在进行的研究将如何改正这些不足；只有找到"不足"，才能展示出新研究的意义。光对别人的研究轻描淡写，无法达到这个目的，更遑论凸显出已有研究的不足。

四、 如何凸显已有研究的不足？

谁都想说本人的研究独一无二。是的，没有两片完全相同的叶子，但大家也都知道，完全没有人蹚过的水基本上不存在。前人不比我们傻。立言难不难，冯唐这么说："几千年文字史，多少人精疯子偏执狂自大狂写了多少文字，要写出新的意思或是新的角度而不是直接或是间接抄袭，基本上是妄想。"①冯唐所说的仅仅是中国。在美国这样的学术大国，什么样的犄角旮旯没被人探索过？经验方面的研究没有，尚可理解；理论方面的研究还能没有？中国这几十年才逐渐实现转型发展，西方发达国家进入工业化是一两百年前的事。有学者一上来就声称找到一块处女地，这个说法本身就不无疑问。西谚云：太阳下面没有新鲜事。

在压力下，有位哥们在预答辩时亮出奇招：已有的研究截止于去年，我的研究是今年的。言下之意，今年的研究必然是新的。他的这番话让答辩委员们面面相觑，差点蒙混过关。就生产的时间而言，当然是新的，就像太阳每天都是新的。但内容就不敢恭维。如果发现已有文献的不足可以这样过关，那么任何研究都是新的，不仅是生产的时间，地点也肯定不一样。

所以，关键不是展示工作量，而是去问新研究展示出哪些已有文献的不足。即使这个目的在最开始时不明确，也必须在寻找的过程中逐步

① 冯唐：《活着活着就老了》，万卷出版公司2008年版，第168页。

明确。研究刚开始可能是"列举式"地寻找,从相关领域的研究成果开始寻找,但发现线索时,就应当顺藤摸瓜,而不是盲目地漫游;需要的是抽丝剥茧,而不是警察巡逻。拿着探照灯乱晃,不如跟踪嫌疑人,要做侦探而非工蜂。找到线索以后,就要像开公审大会一样,把它们置于最显著的位置。

五、 助手式

同理,有人请助手——研究生或者博士后——来做文献综述。这种做法中外都有。听说在一些西方发达国家,导师的影响力以助手的多少来判断。国内攀比的是博士生的数量,难怪不少人在博士招生名额上争得头破血流。这样做不能说没有用,可以节约一点时间;但助手往往很难知道你自己要做的研究的真正贡献是什么,所以最多是领域式的做法。很难想象,真正有原创贡献的学者,可以相信助手找来的文献,更遑论将助手所写的综述直接放到文章里面去。不出意外,大量二流期刊上的文献综述就是这样炮制出来的。

六、 怎么办?

对某个领域很了解的学者,可以很快找到已有文献的不足。当熟悉到庖丁解牛的程度时,已有研究的不足了然于胸,自然明白应当找什么来当靶子。但在刚开始进入新的领域时,研究者是新丁而不是庖丁,他首先要把自己变成侦探。

前面提到的那位同事为了新的研究项目所下的功夫值得赞赏,但那样做肯定事倍功半,甚至不得其门而入。上百篇文章加上十几本书,逐字逐句去读,丹青不知老将至。有的老师跟学生说要苦读,在下不敢苟同,老祖宗有太多这类神话,如"学海无涯苦作舟""头悬梁,锥刺股"。在这种状况下读书,能产生什么效果?多读、苦读的建议就像乒乓球教练反复说要多打、多练,但这些话没有任何技术含量,因为只是靠多打、多练成不了马龙或者丁宁。张德培是靠对网球的兴趣才能成为世界名将。荷兰足球名将伦森布林克则坦白说,连教练都说他不太刻苦训练,道理很简单:足球需要用脑子去踢。因此我斗胆说,实在无法在阅读和学习中找到乐趣的,不读也罢;需要的不单是苦读的青灯,而是解牛的尖刀,苦干要与巧干相结合。如果文献综述被理解成让人去综合地叙述,就已经错了,那么,文献综述应当改为文献侦察。

顺藤摸瓜

　　我写完《文献综述需要工蜂还是侦探?》一文后,有高手给予鼓励,但同时提出要求:别只是说大道理,讲点实例呀! 侦探如何做? 不揣浅陋,我试举两个例子。

　　第一个例子是我曾经幸运地找到一堆关于陪审制度运作的素材,但让人头疼的是,这些材料表明陪审员在司法裁决中不起作用。如果材料表明起作用,文章就好写了。起作用反常识,肯定有趣;即使不一定反映全国的情况,我也只需要界定起作用的原因和条件。但是,材料表明不起作用,与绝大多数已有的研究完全一致。如果只是重复强调人家已经有的发现,了无新意。这方面的文献就是看得再多、再细致,也无助于将文章写成。

　　为此,我将研究的重心转向解释陪审制的无效。很多比较研究表明,大陆法系中陪审员起的作用也很小,远远无法与英美国家的陪审员相比。但大多数研究都只是汇报陪审员不起作用的现状,而没有深入探讨背后的原因。如何解释这种无效性? 我的阅读范围从西欧转到了东欧,从法国、德国转到斯洛文尼亚、克罗地亚等国。Kutnjak Ivković (2007)的一篇文章①引起了我的注意。她认为,当陪审员和职业法官一

---

　　① Sanja Kutnjak Ivković, "Exploring Lay Participation in Legal Decision-Making: Lessons from Mixed Tribunals", 40 *Cornell International Law Journal* 429 (2007).

起做决定时,陪审员起的作用都很小。职业法官在知识、程序上都远远优于非职业的陪审员,只要这两类人在一起做决定,职业法官往往拥有绝对的发言权。就像在大学的委员会里,秘书提出的一个程序问题就会难倒不熟悉这个领域的教授们。这一理论解释了为何普通法系中陪审员的发言权最大,原因是职业法官无权介入决定过程。以陪审制度为主业的 Ivković,可能是因为了解太多陪审制度的细节和例外,没有将这个规律普遍化,没有去解释陪审制度在其他国家的作用。但对我来说,她的这个论断无疑是漫长隧道中的一道亮光;我隐约地感觉到,隧道口应该不远了。

当把文献综述的过程理解为寻找线索和顺藤摸瓜时,就知道为什么综述性的文章大多给研究者提供了一个领域,但对于特定的研究,这些文献的覆盖面太大,焦点太散,要么缺乏聚焦,要么聚焦与研究不符,两者很难重合。

第二个例子出现在我写 *Embedded Courts* 一书的时候。当时初稿已成,法院决定的三个方面都有了。[①] 既然政治、行政和经济因素都有影响,社会关系肯定也有影响。同样幸运的是,我找到这方面的材料,包括几十个在"关系"的阴影下做决定的事例。同样的难点是:如何处理这些材料? 如何找到一个有意思的突破口?

涉及"关系"的研究肯定绕不开 Mark Granovetter。他关于弱关系的文章,在社会科学界几乎无人不知。[②] 这条线索不难找,顺着这条线索,我找来与之相关的研究,特别是边燕杰在我国的情境下谈论强关系的文章。[③] 他强调在中国的情境下,不是弱关系而是强关系更重要;工作职

---

① Kwai Ng & Xin He, *Embedded Courts: Judicial Decision Making in China*, New York: Cambridge University Press, 2017.

② Marc Granovetter, "The Strength of Weak Ties", 78 *American Journal of Sociology* 1360 (1973).

③ Yanjie Bian, "Bring Strong Ties Back In", 62 *American Sociological Review* 366 (1997).

位的信息不是最重要的，更重要的是谁有决定权。在中国司法环境下，常识告诉我，肯定是强关系更起作用，但还是没有突破；若重复边燕杰提过的要素，仅为强关系的重要性增加法院的案例，缺乏新意。

真正的突破发生在文献与材料的对照阅读和思考中，我反复看找来的案例和材料，如同当年 Lawrence Friedman 从两个法院找来一大堆材料，不知道如何下笔时一样："材料，跟我说话!"①我似乎也对着材料这样嚷嚷，这时材料好像真的开始说话了。它说，另外一个维度是法院内部的行政等级，如果关系来自上级，就更加起作用。当我把这条线索梳理出来后，材料里的故事突然就从杂乱变得有序，它们好像在列队敬礼！将行政关系的维度加在原来强弱关系的维度上，就形成了一个二乘二的分类表。

初稿完成后，我的合作者也十分兴奋。他问这个点子是怎么想出来的。我回答，当时只是不停地看材料，好像也只能这么组织，显然不是每一个案件都与提出来的模式完全一致，但大致是准确的。为了进一步验证，我去找更多的材料，还专门从沿海地区法院找来一些案例。这些新材料印证了我提出的解释框架。这篇文章在单独发表时没有遇到障碍，评审人也感到兴奋。将文章放到 Embedded Courts 一书里，不仅增加了书的完整性，而且与其他章节也很协调。

因此，作为文献的侦探，在寻找线索的同时，需要盯着已有的材料，要"问"材料需要什么文献？福尔摩斯探案，还能不从案情出发？文献侦察，就是找到使材料可以突破的文献；找到材料推动和发展的文献，就算顺藤摸到了瓜。

①　Simon Halliday & Patrick Schmidt, *Conducting Law and Society Research*, New York: Cambridge University Press, 2009, p. 56.

理论"佐料"

　　著名学者、作家刘瑜曾这样挖苦我等做文科研究的学者："收集一点在中国是个人就知道但是却能引起美国学术圈子啧啧称奇的'经验材料',把这些材料整理整理、字码齐,行分对之后,加点'理论'的'佐料','与那谁谁谁说的……不同,这些材料说明了……'反正文科的理论没有定论,大家转着圈说原话就是了。"①

　　论文需要理论是常识。没有理论元素的文章,就好像一道没有佐料的菜,淡而无味;佐料太重的菜,不仅原材料的味道被覆盖,可能还难以下咽;佐料加得不对的菜,如炖鸡时不加老姜和料酒反而加了醋,腥膻不说,还可能成了醋鸡。

　　实务部门的同事经常诉苦:有太多的材料,但却不知道如何对接理论;缺乏理论,学界会认为没有分量,不上档次。解决的办法似乎很简单:一个在实务部门工作的朋友在系统内的论文评奖中年年夺标,屡试不爽的经验是在文章开头加上无数的注脚,从罗尔斯、福柯到波斯纳,谁时髦加谁。如果打听到哪位国内专家是评委,那更要充分引用该门该派

---

　　① 刘瑜:《为什么我不喜欢学术圈子》,http://liuyu.blog.caixin.com/archives/149660。访问时间,2021年2月27日。

的"学术成果"。

　　学界当然不同于实务部门；北京出租司机"侃大山"也许能让美国游客觉得有意思，但未必能让美国学术圈"啧啧称奇"，否则，美国何以成为学术大国？"转着圈说原话"就能理论创新吗？刘瑜大概鲜有在大刊被虐的经历，要不就是在学术会场上误解了别人礼貌的表示。

　　20世纪60年代初，美国法学院校只设有法律博士学位(J. D.)，但缺乏社会学专业训练的 Stewart Macaulay 可谓"初生牛犊不怕虎"。他受到其岳父的启发，通过访谈发现，商业圈中人士虽然认真签订合同，但并不认真履行。长期的合作伙伴有时延迟交货、延迟付款甚至违约，但对方很少运用法律手段追究。原因很简单，都是行内人士，不履行合同肯定都有原因，大家必须以诚相待；如果动辄兴诉，只会赢了官司，输了名声。他的结论是，虽然《合同法》是法学院的基础课，但正式合同在商界并不重要。① Macaulay 将稿件投给《美国社会学期刊》(*American Journal of Sociology*)，很快遭到退稿。虽然他对社会学及其方法略有所知，但由于理论训练薄弱，无法对社会学文献引经据典；更重要的是，抽样和统计不是他的兴趣，而且他认为这些方法对研究商界 CEO 们的真实经历几乎毫无关系。

　　他在威斯康辛大学的长辈同事 Willard Hurst 将文章介绍给当时社会学领域的"大腕"Robert Merton，后者授以秘诀：首先，避开方法上一些严苛的要求；其次，强调文章经验发现；最后，加上副标题："一个初步的研究。"Macaulay 在太太的帮助下，吸收了所有这些建议，并逐字逐句地修改。Merton 随后将稿件寄给《美国社会学评论》(*American Sociological*

---

　　① Stewart Macaulay, "Non-Contractual Relations in Business: A Preliminary Study", 28 *American Sociological Review* 55 (1963).

Review),并在给主编的信中写道:"如果不接受这篇文章的话,你就是一个傻瓜。"① Macaulay 的文章最终在这个社会学顶级期刊发表。该文点出了社会规范对法律的替代,开创法律与社会科学研究的先河。虽然Macaulay 再也没有将这个"初步"的研究完成,但这篇文章却成为法律与社会科学研究中引用量最高的论文之一,在社会学界也产生了巨大影响,更让 Macaulay 后来荣膺美国艺术和科学院院士。这篇文章成功发表的要点,不是多加而是少加甚至是避开理论。

常年与编辑和匿名审稿人周旋,我也得益于师长的提点。2008 年全球金融危机发生后,法院主动上街邀请当事人起诉,一改法院不告不理、坐堂判案的传统形象和做法。法院主动要求当事人来起诉,如何能保持司法中立? 当事人发动群体性事件后,兵临城下,法院如何在受理、采证、执行上与法律设定的角色相符? 所有这一切都会提出一个全新的又有中国特色的司法审判模式,这种模式必然与政治制度和社会压力相连。② 只要继续追问下去,并与比较和历史的个案相对照,一种审判模式与政治制度、社会压力相关的类型学呼之欲出,大有同当代司法研究巨擘 Mirjan Damaska 和 Martin Shapiro 对话之意,其理论原创性的潜力令人振奋。③

问题在于,这种类型学如何从经验材料上找到支撑? 就算有中国司法经验的部分,如何在历史和比较的场合找到丝丝入扣的材料? 正如做

---

① Simon Halliday & Patrick Schimdt, *Conducting Law and Society Research*, Cambridge: Cambridge University Press, 2009, p. 24.

② Yang Su & Xin He, "Street as Courtroom: State Accommodation of Labor Protest in South China", 44 *Law & Society Review* 157 (2010).

③ Mirjan Damaska, *The Faces of Justice and State Authority: A Comparative Approach To the Legal Process*, New Haven: Yale University Press, 1986; Martin Shapiro, *Courts: A Comparative and Political Analysis*, Chicago: University of Chicago Press, 2013.

饭的人有了一道菜的想法,却没有相应的食材,或者说已有的食材无法承受如此重的佐料。简单的出路就是放弃这样的框架。合作者提出,关于审判模式的讨论也不需要完全放弃,而是放在经验材料之后的讨论部分。这样给读者的感觉就不是要论证一个大而空的审判模式,而是中国政府创新社会控制的延伸,这样一来论证的负担大大减轻。此时,文章开头的理论讨论仅从中国特色的法院模式出发,强调政府处理群体性事件的经验,将对话的对象从 Damaska 的审判模式转为社会运动的文献:社会运动的研究者大多讨论如何发起社会运动,而我们则研究如何将社会运动搞下去。简言之,调整理论的方向,降低理论的浓度并将其置后,是成文的关键。

　　与之相映成趣的是一篇关于陪审员的文章。找到的材料十分丰富,如陪审员参与的过程、与法官的互动、在审判案件中扮演的角色以及相关的案例都十分精彩。问题在于,材料很丰富,但却不是新鲜事。正如刘瑜所说,在中国是个人都知道陪审制度几乎不起作用。假如材料证明新近陪审制度的发展变得有用了,那就不仅美国学者会啧啧称奇,而且中国专家也要改变成见。但材料就是材料,没法改变。那么,文章该如何做?

　　既然材料缺乏新意,我只好将重心移转,讨论为什么陪审制度无效。反复阅读文献之后,我找到一个两维的分类表:一是陪审员是否与专业法官在一起做决定。二是该法域的政治权威有了这个分类表,就有了理论突破,也的确能与 Damaska 和 Shapiro 对上话。[①] 但难点在于,在这个

---

① Mirjan Damaska, *The Faces of Justice and State Authority: A Comparative Approach To the Legal Process*, New Haven: Yale University Press, 1986; Martin Shapiro, *Courts: A Comparative and Political Analysis*, Chicago: University of Chicago Press, 2013.

分类表中,中国的状况只是其中的一张表,如果把这张表放在文章的开头,而文章的经验部分又没有其他国家运行情况的详细内容,岂不是头重脚轻? 于是,我照着《送法上街》一文的模式,小心翼翼地把理论探讨放在经验材料之后。

一位朋友看完初稿后提醒我,把理论讨论放在后面固然保险,但文章的理论意义就受到了限制。虽然没有其他法域的经验材料,但有大量的二手文献可以借用。既然已经和大家对上话,也提出了一个清晰而且大致有说服力的二维分类表,为什么不把它放在文章的开头? 在他的建议下,我将理论部分前置。

做菜需要食谱、上佳的食材、下锅的程序、适当的火候,还要有恰到好处的佐料。不同的菜系对佐料的要求也截然不同。川菜需要大量的佐料,目的是将普通食材做出特别的味道,如"鱼香茄子";粤菜则强调少加佐料,尽量展示食材的原味,如"清蒸鳜鱼"。同理,写论文不仅要有想法或者思路、研究素材、研究方法,还需要理论的元素。如果美食和美文有相通的地方,那就是要在论文中加好"佐料"。不同的论文,需要"因材加料",或者"因材减料"。Macaulay 的文章①就像"清蒸鳜鱼",佐料不多,但食材鲜美。只知道菜谱,不会成为厨师;只知道加佐料,离美食尚有距离。放什么样的佐料、放多少、什么时候放、在什么火候下放,是区分厨师和火头军的地方。

---

① Stewart Macaulay, "Non-Contractual Relations in Business: A Preliminary Study", 28 A-merican Sociological Review 55 (1963).

柳暗花明

　　法律与社会科学研究的先驱们在回忆研究经历时,共同的感受是:研究是一件"烂活"(messy)。Stewart Macaulay 说,在发表出来的作品中,研究方法和过程都写得那么干净利落,但实际情况乱成什么样子,只有研究者自己知道。通常的情况是,开始时毫无头绪,或者准备了详尽的研究计划,但进入实地或者收集数据后,计划赶不上变化。新的问题不断出现,原来准备的问题可能变得没有意义。

　　例如,Sally Merry 刚开始研究新英格兰地区的社区时,抱着英国人类学者 20 世纪 50 年代出版的名著,想对比"封闭社区"和"开放社区"的调解做法。但到了实地以后,才发现所有的社区都是开放的,封闭社区在美国相对城市化的地区根本就不存在。更令她始料不及的是,虽然这些社区有超市、咖啡馆、养老院,但没有真正的中心。都不知道去哪找人交谈! 即使大街上有人愿意交谈,也完全访谈不到想要了解的内容,她的原话是:"原来设计好的研究计划在实地面前散落一地。"①

　　山重水复时,何时才会柳暗花明? 如果在开始时研究肯定是一头雾

① Simon Halliday & Patrick Schmidt, *Conducting Law and Society Research*, New York: Cambridge University Press, 2009, p. 129.

水的话,如何从这个过程中走出来?

Lawrence Friedman 曾比较了一个农村法院和一个城市法院处理案件的过程。他在收集大量的档案并阅读大量的案卷之后,还是不知道如何下笔。面对一堆材料,他嚷道:"跟我说话!"①当然,材料不会回答。但是,如果研究者不停地追问,材料或许会以某种方式回应。真正的突破发生在一个中午。在加利福尼亚州那个美丽的乡村小镇,他买了一个贝果面包作为午饭,突然想到:"为什么这里也有贝果? 哦,这里离学校也不过一个半小时的车程,离圣何塞更近。所谓的乡村小镇也难逃城市的影响。难怪这个农村法院与城市法院处理案件的方式一样!"②贝果面包成了"砸中牛顿的苹果",在这个思路下,他写成了著名的"A Tale of Two Courts"一文。③

Merry 在研究了半天调解之后,才发现她所关心的问题不是调解,而是基层法院的案件。由社区调解处理的案件很少,而且与法院的案件没有太多的差别,很多调解无法处理的案件最后只能到法院解决。真正的问题是,法院只是选择性地处理它们,因此当事人很不满意。在法院旁听庭审的时候,法院的工作人员说:"这里讨论的一切,都是道德问题,与法律无关。"她突然一震,这就是她提出的著名的法律、疗伤、道德三类话语的来源。

Malcolm Feeley 在研究康涅狄格州纽黑文法院处理刑事案件的过程中,准备了详细的定量方法,但到实地以后,才发现那些方法局限性太大,说不清楚的事太多。与 Merry 的经历类似,他也一度手足无措。好

---

① Simon Halliday & Patrick Schmidt, *Conducting Law and Society Research*, New York: Cambridge University Press, 2009, p. 56.

② *Ibid.*, pp. 51-52.

③ Lawrence M. Friedman and Robert V. Percival, "A Tale of Two Courts: Litigation in Alameda and San Benito Counties", 10 *Law & Society Review*, pp. 267-301 (1976).

在法院与耶鲁大学法学院很近,他经常可以回法学院找人交流。一些朋友总能从他谈及的经历和故事中找到有意思的地方。本来他准备将书的题目取名《实质正义和审判理想》,但在一次交谈中,他跟 Stan Wheeler 教授说:"整个过程,归根结底,就是大家似乎不在乎最后的刑期是多少,因为之前的羁押已经是足够的惩罚了,所以过程本身就是惩罚。"这时 Wheeler 教授说:"这就是你的题目。"①于是,"过程即惩罚"(The Process is Punishment)成了 Feeley 研究的代称。

　　冒着吹嘘之大不韪,我斗胆分享下面的经历。在实地收集完刑事和解的证据后,合作者给我寄来大约 5000 字的初稿。老实说,初稿基本上是描述性的,没有真正有意思的点。② 虽然我们之前有过一些关于金钱社会学,特别是血汗钱的讨论,但似乎与材料的关联性不大。在修改时,有很长的一段时间,我眼前一片茫然,当时隐约记得上研究生时,读过 McConville 和合作者发表的一篇关于辩诉交易的文章。③ 这篇文章挑战了英国刑事程序中不能给当事人不当压力等法律原则,他们这项研究还出版了一本书,叫 Negotiated Justice④。"negotiated"一词让我怦然心动,它道出了法律与社会科学研究的精髓:刑事正义不是由法律直接规定的,也不是由司法机构单方面强制推行的,而是辩诉双方共同协商完成的。"negotiated"这个词值得细细品味! 将它翻译成"协商",简直面目

---

① Simon Halliday & Patrick Schmidt, *Conducting Law and Society Research*, New York: Cambridge University Press, 2009, p. 47-48.

② 初稿写成这个样子是正常的。Anne Lammot 认为,没有人在乎初稿是什么样子,也不会有人看。See Anne Lamott, "Shitty First Drafts", in *Bird by Bird*: *Some Instructions on Writing and Life*, New York: Anchor, 1994, pp. 21-27.

③ John Badwin & Michael McConville, "Plea Bargaining and Plea Negotiation", 13 *Law & Society Review* 287(1979).

④ John Badwin & Micheal McConville, *Negotiated Justice*: *Pressures on Defendants on Plead Guilty*, London: Martin Roberson, 1977.

全非！这种生译使它完全失去了动词形容词化的动感和美感，动态的过程变得如僵尸一般！当我把"Negotiated Justice"和"血汗钱"这两个词放在一起，以"Blood Money and Negotiated Justice"作为标题时，文章还不到8000字，但我已经知道，这篇文章已经写完了。

在开始一项新研究时，不少研究者心里大多没有底，很难预知实地会出现什么情况，什么问题真正有意思。他们心里最多只有一个大方向，所以必须保持开放的心态。在探索的过程中，可能有所发现，也可能没有；这个过程可能很长，也可能很短。此外，其中唯一的规律可能就是没有规律，不仅有太多不确定的因素，而且这些因素的出现也很偶然，需要长期的积累和捕捉问题的敏锐：灵光一闪的时候，能不能抓住？事实上，博士生入学时都有一个研究题目，但是几乎所有人都要改题。许多人出国前准备好材料，半道改题的话还要回国收集材料。甚至有人说，如果在研究过程中没有修改，那才是真正出问题了，唯一的解决方法就是沉浸在文献和素材之中，反复思考。

这件"烂活"真的没法教吗？研究是一项技艺。所谓技艺，不同于知识；技艺不仅需要教科书，更需要亲身实践，就像游泳、做饭、滑冰、恋爱一样，死记硬背解决不了问题。向老师傅学习经验，又在实践中学习体会，是行之有效的办法。直到今天，培养博士生还沿用学徒制，每人都安排导师，由导师手把手地教，而不像其他课程一样，上上网课就可以毕业。

焦虑、期待、郁闷、绝望是研究生活的一部分。从材料的收集、分析到写作，什么时候"出街"是永恒的顾虑！听说就连Andrew Walder这样的大腕，也有直想撞墙的时候。既然许多经受住时间考验的作品，在"孕育"的过程中都离不开这些痛苦，那我们又有什么好抱怨的呢？

也许，这才是研究的魅力所在。如果一切都按课程表那样编排得当,人生还有什么意思?"汲汲而生,汲汲而死?"研究生活也没有那么可悲。沉闷的地平线上,有时会蹦出一头梅花鹿;窗台上半死的玫瑰,突然会冒出新蕾;堆积如山的素材,某一天开始"说话"。绝大多数像我这样平庸——即使不甘平庸——的研究者,可能命中注定不会有什么大的发现;但只要愿意开启这样的旅程,还是能享受"行到水穷处,坐看云起时"的怡然和欣然。

　　上帝说,要有光。于是就有了光。

牛顿的苹果

概念与命题

　　张艺谋巅峰时期导演的电影《秋菊打官司》,讲的是秋菊因为老公被村长踢了"要命的地方",坚持要说法而遭遇法治的故事。当代法律是新植的,与传统社会水土不服似乎是自然的事情。普罗大众如何经历法治、理解法律? 在遭到挫折之后是否继续使用法律? 这些都是法律意识研究中的大问题。苏力分析秋菊,开创我国法律与文学以及法律与社会科学研究的先河。《秋菊的困惑和山杠爷的悲剧》①一文在法学混沌未开的 1996 年横空出世,视角独特,使用材料大胆,分析巧妙,与理论无缝衔接。不难理解,苏力当年将该文投给某老牌的法学杂志,居然因"法学专业期刊不发表文学评论"的理由而遭到退稿,但在综合文化学术期刊《东方》发表之后,"秋菊的困惑"刮起旋风,几乎成为苏力作品的代名词。这里面蕴含的问题更令他意识到国家法与民间社会的不协调,预示了其重磅著作《送法下乡:中国基层司法制度研究》②的出场。

　　无独有偶,在苏力关于秋菊的文章发表十年之后,Mary Gallagher 发

---

① 苏力:《秋菊的困惑和山杠爷的悲剧》,载《东方》1996 年第 4 期。
② 苏力:《送法下乡:中国基层司法制度研究》,中国政法大学出版 2000 年版。

表了关于外来务工人员法律意识的研究。① 在上海某个法律援助站蹲点 16 个月,深度访谈 50 多名进入劳动仲裁的当事人之后,她发现:在遭遇法律程序之前,当事人对法律和法治有颇高的期待。然而,他们的法律知识却是模糊的。在经历过法律程序之后,他们对法治的印象产生了两个变化:一方面,负面评价法律制度的公正性和有效性;但另一方面,正面评价他们对法律程序的控制能力,认为只要更多地了解法律及其程序,胜算就会增加。这两个方向的综合结果是,大部分当事人并没有因为法治及其程序未达预期而沮丧,从此远离法律;相反,他们更努力地学习法律,从而对法治有了更清醒、更准确的认识。有些甚至成为"小专家",帮助其他外来务工人员运用法律来维权。Gallagher 用"知情祛魅"来概括这个法律意识变化的过程。

与倔强的秋菊一样,来上海的外来务工人员最初对法治的期待也偏高,对法律的理解也不准确,在经历像迷宫般的劳动仲裁和法律诉讼后肯定也充满困惑。两项研究都是在宣传法治、推进法治的大背景下进行,聚焦于普通民众的法律意识。它们的发现惊人地相似,只是最后的选择不同。大部分来上海的外来务工人员继续选择法律作为武器,而电影没有交待秋菊后来如何选择。苏力几乎断言秋菊不再选用法律来解决类似纠纷,因为这样做的结果是将村长这个不计前嫌的救命恩人送入看守所,撕裂两家的关系。

一、 现象与概念

两项研究都聚焦普通民众对正式法律制度的态度、看法和印象,它

---

① Mary Gallagher, "Mobilizing the Law in China: 'Informed Disenchantment' and the Development of Legal Consciousness", 40 *Law & Society Review* 783 (2006).

们针对同一个假定——法律意识从低到高的线性发展。这一假定不仅在我国学界一度颇为流行①,而且在一些海外学者中也很有市场。② 这也许因为当时我国刚刚开始经济和法制改革,进步主义的倾向弥漫学界。上述两篇文章都认为这种流行的观点过于简单,但有两点明显差别:其一,Gallagher 的研究是经验性的,是从实践中观察和访谈得到研究素材。工作和家庭远在密歇根大学的年轻女教授到上海做田野调查,困难可想而知;苏力借力于家喻户晓的电影,避开这些困难。具体而言,Gallagher 远渡重洋,冒着酷暑严寒,打通无数关系,才能到法律援助中心进行观察和访谈;而苏力可以坐在家中的摇椅上完成大作。Gallagher 收集材料就花了 16 个月——当然她还利用该材料做了其他的研究——最后成文发表,至少需要三年时间;而以苏力的写作能力,不出一周大作即可草成。不出意外,Gallagher 的材料翔实,前因后果清晰明了,经历过法律程序的当事人将来如何选择也分析得很有说服力。虽然苏力敏锐地感知到社会的脉搏,分析也产生巨大影响,但材料的可靠性成疑。毕竟,小说《万家诉讼》已经是小说家的想象,据此拍成的《秋菊打官司》更是双重想象。同时,一部电影所能提供的材料似乎捉襟见肘。也许正是如此,苏力稍嫌重复地加上"被告山杠爷"———一个主题类似、边际效应却不多的故事。其实,不管是一部还是两部电影,都很难解决个案特殊的问题。陕西的秋菊与北京的秋菊可能很不一样,农民很可能同工人不一样,更不要说政府官员、知识分子、退伍军人、访民、网民等,普遍化存在难以跨越的障碍。

更为重要的是另一个差别:如果说苏力指出了"秋菊的困惑"这个

---

① 夏勇主编:《走向权利的时代》,中国政法大学出版社 1995 年版。

② Randall Peerenboom, *China's Long March to Rule of Law*, New York：Cambridge University Press, 2002, p. 9.

现象,Gallagher 则提出了"知情祛魅"(informed disenchantment)的概念。① 所谓概念,就是反映事物本质的思维形式,即人们在感性认识的基础上,从同类事物的许多属性中,概括出其所特有的属性,形成用词或短语,具有抽象性和普遍性。由于有相对广泛的经验基础,Gallagher 可以从感性转化成理性,从个案转向抽象和普遍。虽然 Gallagher 的"知情祛魅"来源于来上海的外来务工人员,但读者也可以大概去思考这个过程是否有可复制性? 国企的下岗工人与从农村到城市来打工的外来务工人员经历法治后是不是也有类似的看法? 情况肯定不完全相同,但似乎也有相似之处。

二、 概念的描述性和分析性

强调概念的重要性,并不意味着得概念者得天下。创造出新概念,便可马放南山? 还要看是什么样的概念。其实,每个概念都有描述性和分析性的一面。描述性是指对现象的描述,它从现象出发,对现象进行概括和抽象。有的概念的描述性要素多于分析性。这样的概念能够帮助理解类似的现象,但其局限性是,当描述完类似的种类之后,洞察力就会下降,而分析性要素为主的概念则会带来源源不断的发现。这一点可以从"法律多元"这个概念在学术界的命运中管窥。

"法律多元"一度是当代法律与社会科学研究中非常重要的概念,学者们最早在殖民地区注意到法律多元的现象。原住民已有一套法律,而殖民者征服之后,会颁布实施宗主国的法律。但是,宗主国法律的颁布、实施并不能取代原住民的法律、社会规范、习惯、习俗等。在社会生

---

① Mary Gallagher, "Mobilizing the Law in China: 'Informed Disenchantment' and the Development of Legal Consciousness", 40 *Law & Society Review* 783 (2006).

活的很多方面,原住民还是按照原来的方式进行社会交往甚至纠纷解决。"法律多元"成为一个普遍化的概念的重要一步在于,包括欧洲和美国在内的西方学者们本以为法律多元只存在于殖民地区,但后来发现,在他们自己生活的所谓发达、成熟的社会里,同样存在着法律多元现象。① 在这样的社会里,不仅有国家颁布的法律,还有传统文化带来的习俗和宗教规则,以及社区、学校、行业乃至各种商业机构和社会团体的规范。这些规范都在某种程度上约束人们的行为,并影响纠纷解决。学者们原本以为,国家是统一管理和支配这些民间法的。但事实上,很多由民间法影响的行为与国家管理无关,是在国家正式制度之外起作用。其实,在国家还没有出现的原始社会,已经存在大量的民间法,而当国家、政府和司法机构出现后,就会出现代表民间权威的社会规范和代表国家权威的法律并存的现象。这就是为什么法律多元肯定是一个普遍现象。Merry 这篇总结和介绍"法律多元"概念的文章也成为法律与社会科学研究中引用量最大的文章之一。

　　"法律多元"于是成为一个影响巨大的概念。很多学者认为,法律多元是当代法律与社会科学研究的方向。早在 20 世纪 60 年代末,就开始有以法律多元为名的期刊——*The Journal of Legal Pluralism*。Galanter 对印度法的研究投入了相当多的精力,原因之一就是印度的法律多元现象特别明显。不仅有殖民者的法律,还有本土的法律;而且在本土的法律中,还有各自不同的派系和宗族的规范。在印度独立之后,这种倾向并没有减少,而是增加。

　　然而,"法律多元"在流行了一段时间以后,逐渐走向衰落。学者们运用"法律多元"似乎走到了尽头:能够发现的好像都已经发现了;新的

---

　　① Merry Sally, "Legal Pluralism", 22 *Law & Society Review* 869 (1988).

个案,包括新的原始社区的发现,得到的研究结果似乎也类似。*The Journal of Legal Pluralism* 期刊的稿源也在下降。它先是将期刊的范围扩大,后改名为 *The Journal of Legal Pluralism and Unofficial Law* 以维持生存。法律多元,此时已经从一个概念衍变成一个领域,只要是讨论与民间法或者非正式的法律有关的内容,都可以在这个期刊上发表,而"法律多元"作为一个概念带来的突破性分析,似乎已成绝响。①

　　法律多元走向衰落有多方面的原因。作为一个概念,法律多元在先天上存在缺陷,其多元的边界就不是很清楚。什么算是一元? 国家、政府、学校、教会等似乎名正言顺地成为制定广义的"法律"的一元,但团体、社区、家庭等算不算? 某个临时的组织算不算? 奥林匹克运动会期间的规则算不算? 这个边界似乎可以无限地延伸,很多事物都可以算是制定法律的一元,从而进入法律多元的分析领域。当这个概念泛化之后,其解释力和分析力也就钝化了。

　　更为重要的是,"法律多元"主要包含描述性的要素。就像上文已经展示的那样,它虽然有分析性的一面,能够对某些现象进行分析,并由此得出新意;但总体上是对现象的描述,指出该现象的普遍性和多样性。学者们在发现这个现象的时候,自然会提到这个名词,但多样性就像生物物种一样,除非有特别的发现工具,迟早是要被穷尽的。当这种多样性被穷尽之后,学术界对它的兴趣就会下降。

　　与之相对的概念则含有更多的分析性要素,即它不仅是对现象的描述,更是分析的工具,如 Foucault 提出的话语。话语不仅是指谈话本身,更是指人们谈论事物的方式;这个方式与人们思考该问题和对其采取的

---

① 近年来,法律多元似乎有回潮的迹象,*The Journal of Legal Pluralism and Unofficial Law* 也扩展到每年三期,但在分析力上似乎没有突破。

行动相关,因此话语是权力的核心。① 它一方面描述了人们的表述方式
这一现象,但更为重要的是,它被运用来探讨为什么人们会使用不同的
话语,以及不同话语背后的文化、政治和社会力量。这一概念就可以被
运用到成千上万的现象分析中,它的运用范围没有边界。在更强大的分
析性概念出现之前,很难想到它会被学者们弃用。从这种角度上看,很
多概念包括我自己创造的概念大多偏向于描述性,毕竟这只需要对感性
的现象进行一定的抽象。在研究"浙江村"中外来农民企业家的行为
时,我提出"法律合谋"的概念。② 这个概念的运用范围可能很广,也有
分析性的一面,但它更多是对这一类现象的描述。同理,我和吴贵亨也
提出过"实用话语"这个概念来描述法官进行离婚诉讼时的表述③,但这
个概念也含有很强的描述性要素。它主要对这一类型的话语进行描述,
虽然它也有分析性的一面,即法官将结果置于法律原则和价值之上。推
而广之,"在法律影响下的谈判"④同样主要包含描述性要素,甚至"差序
格局"也是如此⑤。著名的比喻——当石头落到湖水中,形成深浅不同
的波纹——十分形象地概括和描述了社会中的人际关系。总体而言,与
话语之于表述方式或者交易成本之于法律经济活动的分析能力相比,
"实用话语"的运用范围及其带来的洞察力有明显的局限性。

---

① Michel Foucault, "Truth and Power", in Michel Foucault (ed.), *Power/Knowledge*: *Selected Interviews and Other Writings*, New York: Pantheon Books, 1980, p. 102.

② Xin He, "The Stickiness of Legal Collusion: A Difficulty of Legal Enforcement", 32 *International Journal of the Sociology of Law* 103 (2004).

③ Xin He & Kwai Hang Ng, "Pragmatic Discourse and Gender Inequality in China", 47 *Law & Society Review* 279 (2013).

④ Robert Mnookin & Lewis Kornhauser, "Bargaining in the Shadow of the Law: the Case of Divorce", 88 *Yale Law Journal* 950 (1979).

⑤ 费孝通:《乡土中国 生育制度》,北京出版社 1998 年版,第 24 页。

三、 可检验的命题

法律与社会科学，与其他社会科学一样，试图寻找事物之间的因果关系。这一点在自然科学上已经无须多谈。针对某种疾病的药物有没有治疗效果，需要因果关系的印证。社会科学因为条件的局限性，对因果关系的要求没有那么高，但它依然是努力的方向。

要探究因果关系，就必须谈到可检验的命题。回到 Gallagher 的文章，"知情祛魅"虽然是一个概念，却隐含着一个命题，即知情是和祛魅相关的。祛魅是从是"魅"发展出来的。国家号召民众拿起法律武器，言下之意是，正式的法律将提供一种更好的纠纷解决方式，是"魅"。这事实上造成了老百姓对法制的正面和过高的期待。而祛魅的过程是与知情交织在一起的：对这个过程了解得越多，好感就会越低。然而，这种祛魅是有限度的，并不是完全丧失信心。更多地了解让他们产生更清醒、更现实、更准确的认识。事实上，这个制度并非一无是处，民众也不是遭遇挫折之后弃之不用。毕竟，在改革开放期间，不管是仲裁还是案件数量，总体上都是急剧上升。2018 年全国法院处理 2800 多万件案件，是改革开放初期的几十倍。

一旦有了"知情祛魅"这个命题，它就会有意无意地引导普通民众法律意识的研究。比如，冯煜清和我曾经研究访民的法律意识的变化，发现他们大多经历类似的过程：老访民往往变得很极端，采取政治而不是法律的方式来诉说他们的纠纷。① 这不仅是祛魅，甚至是由爱生恨，完全跳出了法律的构架，进入政治的领域。冯晶和我的研究发现，刚拿

---

① Yuqing Feng & Xin He, "From Law to Politics: Petitioners' Framing of Disputes in Chinese Courts", *China Journal* 130 (2018).

到法院判决的当事人对法院、法律和法官的看法以负面居多,也正印证了"知情"的重要——来法院之前,他们缺乏对法律内容和程序的专业知识和理解。不熟悉、不理解是他们不满的重要原因。[①] 最后,经历过法院程序之后,当事人是否继续使用? 有研究发现,有权势的人更倾向于使用。这也许是因为他们更了解法院的运作并有能力控制结果,即"更知情",所以更有信心使用。所有这些研究或多或少都有"知情祛魅"的影子。

作为一个可检验的命题,"知情祛魅"不仅对法律意识的研究产生路径突破式的影响,也可以运用到其他领域。比如,对恋人态度的变化。就大多数人而言,恋爱之初,对方都是上帝的礼物,比天使还要动人,因为当时双方都努力掩盖缺点,展示好的方面以取悦对方。当交往增加或者结婚后,才慢慢发现对方的坏脾气、讲粗话、懒做家务、乱扔脏袜,甚至有家暴、赌博等恶习,原初的美好印象自然下滑。这岂不是了解越多,魅力越少? 但日子是不是就不过了? 事实上,大多数人还是要过。只是此时此刻,初恋时的浪漫情怀已然淡出,取而代之的是对恋爱、婚姻、家庭更清醒、更现实、更准确的理解。同样,绝大多数年轻人在入学之前对名校崇拜有加。经历之后才知道,名校不过是"一袭华美的旗袍,上面布满虱子",其光鲜的外表下,充斥着假学究、文人相轻、派系林立、互相攻讦、落井下石等黑暗面。然而,即使魅力褪去,它们依然是最好的大学。这也正是为什么"近则逊",伟人都经不起近距离观察。人生、教育、工作大抵如此。

"知情祛魅"为什么可以运用得这么广? 一个重要的原因是它形成

---

① Xin He & Jing Feng, "Unfamiliarity and Procedural Justice among Chinese Litigants", 55 *Law & Society Review*,(2021), pp.104-138.

了可以检测的命题。新的命题指出事物之间可能的联系，从根本上讲，是可能的因果关系。之所以说"可能"，是因为没有肯定的答案。在不同的场合，这种因果关系"可能"不成立；新的研究"可能"发现其潜在的假定，其结论也"可能"需要进一步地限定。但只要提出重要的命题，并具备操作化和检验的可能，就会引领一系列的研究。

从这个角度上看，在法律与社会科学研究的学术发展史上，单次当事人和重复当事人可能是被检验得最多，也是最成功的命题。① "当事人"是一个以描述性要素为主的概念，本身没有暗含任何命题，但 Galanter 把它一分为二成单次当事人和重复当事人之后，就成为一个可以检测的命题——重复当事人更容易在诉讼中胜出，原因是拥有更多的资源。Galanter 在提出单次当事人和重复当事人的时候只是推测，但却为经验性地检验他的推测提供了很好的框架。由于这个分类的革命性意义，将这个框架变得可操作化是顺理成章的事情。在这篇文章发表之后，大量美国国内和国际的研究开始用经验数据去检验他的假说是否正确。按照一项 2003 年的统计数据，发表在主要期刊上的这类文章已经达到 184 篇。*Law & Society Review* 还发表专号纪念这篇文章的发表，讨论文集同时由斯坦福大学出版社出版。② 这篇文章成为当代法律与社会科学研究引用量最高的论文。

同理，在社会学中引用量最大的《弱关系的力量》一文③同样提出了一个可以检测的命题。"关系"这个概念古今中外早已有之，但它大体

---

① Marc Galanter, "Why the 'Haves' Come Out Ahead: Speculations on the Limits of Legal Change", 9 *Law & Society Review* 95 (1974).

② Hebert Kritzer & Susan Silbey (eds), *In Litigation: Do the "Haves" Still Come Out Ahead?* Stanford: Stanford University Press, 2003.

③ Mark Granovetter, "The Strength of Weak Ties", 78 *American Journal of Sociology* 1360 (1973).

上以描述性要素为主,指出不同于经济、政治力量外的社会资本或者资源。但 Granovetter 革命性地将它分成强关系和弱关系之后,命题就出现了:弱关系甚至要比强关系在某些社会交往中更起作用。与单次当事人和重复当事人提出的命题不同,它还是反常识的。这就是为什么它会引起学者们的极大兴趣,于是想方设法地找各种各样的经验数据对其进行检验①,从而成为社会学中引用量最高的文章。

　　这些提出原初命题的文章自然就成为业内的经典,它们不仅是路径突破式的,还是后来的研究绕不过去的典型,甚至为后来的研究者提供了就业的机会。如果把这些文章比作一座桥梁,它们具有开创新路径的重要性;如果把它们比作路途中著名的景点,就更能体现出它们为后来的研究者提供就业机会的作用。在某种程度上,这个产业会生生不息地延续下去。学者们常说:在研究个案的时候,需要操心如何将个案普遍化。陈瑞华称之为从个案到普遍"惊心动魄的一跃"。② 普遍化的标志是产出概念,更是提出可检测的命题。后来者容易据此找到定位和把手,并从中受益,产生大量检测性的研究成果。这个桥头堡就不仅仅起到路标的作用,而且还可能成为后人的歇脚之处,更可能转化成旅游景点。

四、 概念和命题从何而来?

　　这些概念和命题的发现,往往是从过往研究中推陈出新的。回到"知情祛魅",当普通民众在对法律制度缺乏了解时,对法律期待甚高并

---

　　① See e.g., Yanjie Bian, "Bring Strong Ties Back In", 62 *American Sociological Review* 366 (1997).

　　② 陈瑞华:《刑事诉讼的中国模式》(第 2 版),法律出版社 2010 年版,序言。

不是我国特有的现象。Ewick 和 Silbey 很早就提出普通人法律意识的三种分类：崇敬之法（before the law）、游戏之法（with the law）、反叛之法（against the law）。①“崇敬之法”恰恰就是指这种对法律知之不多、崇拜有加但敬而远之的态度，但“知情祛魅”中的“魅”只是静态的描述。Gallagher 提出“祛魅”，并与“知情”联系起来，用来描述法律意识变化中的因果关系。这个动态过程类似于 Ewick 和 Silbey 提出的从“崇敬之法”到“游戏之法”的转变。Gallagher 琢磨出“知情祛魅”之时，肯定对“崇敬之法”下了不少功夫，方才“妙手偶得”。

为什么 Galanter 能够提出单次当事人和多次当事人这样的分类？他成功的钥匙在哪里？他在文章的开篇写道：“法律制度的绝大多数研究都从规则一端开始，然后沿着制度设施，去看规则对当事人的影响。我想要倒转这个顺序——从望远镜的另一端观察，看看不同种类的当事人的差别，以及这种差别对制度运作的影响。”②常规的看法是关注诉讼制度对当事人的影响；反向视角则是从当事人这一端理解诉讼制度的运作。反向视角是转换视角的一种方法，甚至是一种比较极端的方法。通常我们会从不同的视角来观察——法律与社会科学研究本身就是从法律的外部来研究法律。将研究倒过来看是要打破常规的，但这肯定也是对已有的研究琢磨透彻后，才会有这样的灵光一闪。同理，Granovetter 提出弱关系，同样也是对强关系作用的挑战。③ 当学者们普遍认为强关

---

① Patricia Ewick & Susan Silbey, *The Common Place of Law*, Chicago: University of Chicago Press, 1998.

② Marc Galanter, "Why the 'Haves' Come Out Ahead: Speculations on the Limits of Legal Change", 9 *Law & Society Review* 95 (1974).

③ Mark Granovetter, "The Strength of Weak Ties", 78 *American Journal of Sociology* 1360 (1973).

系的作用大时,他偏偏认为弱关系的作用大,而且还可以得到经验证明和理论解释。弱关系的提出,同样建立在已有研究的基础之上。

从社会建构的过程来看,有些命题和概念得到学术界的青睐,是有社会和政治原因的。这个过程很复杂,难以找到简单的规律。某些命题得以广泛流传、发展壮大,是因为它本身很有趣,容易引发后来学者的思考;另外一些命题的流传是因为它是从已有的经典中找来的。比如,研究者们通常会到经典作家马克斯·韦伯那里去寻找命题来进行经验性的检验。有的命题的流传纯粹是因为某个时期政治、经济、文化力量对某些问题特别关注,从而成为当时的热点。但不容否认的是,提出打破常识、可检验、引起学者共鸣的命题是成就大学问的关键。

五、 结语

法律与社会科学是针对现象的研究,因而经验工作是基础。经验基础是研究者作相对准确判断的前提,否则,就容易流于猜测。但更关键的一步是提出有普遍意义的,特别是以分析性为主要要素的概念,以及可检验的命题。在此必须反对一种倾向:有人将这些可检验的命题进行所谓的抽象总结,如将"知情祛魅"理解为"距离产生美",将"同侪压力"理解为"慎独",将"重复当事人"胜出理解为"衙门八字开,有理无钱莫进来"。从抽象的层面上讲,这些总结有一定的道理,但从社会科学的角度上看,这个过程完全是逆向而行,只会离社会科学的研究越来越远,这种倾向恰恰把潜在的命题掩盖了。西谚云:太阳底下没有新鲜事。在高度总结的层面上,当然前人已经发现了人类社会的绝大部分事情;可以说,每个人的终点都是坟,但这并不意味着生命的过程就可以忽略不计。

做学问的根本目的是知识生产。将前人的总结、格言转化成可检验的命题，理解它们实现的条件和假设，是产生新知识的重要途径。苏力于 1996 年提出令人战栗的追问："什么是你的贡献？"①年轻一代的社科学人需要更具体地追问：什么是你的概念或命题？

① 苏力：《法治及其本土资源》，中国政法大学出版社 1996 年版，第 V 页。

第七章

发表之术

一位年近九十岁的超级大腕抱怨说，各大出版社都不接受他自以为写得还不错的新书。最后，只能交给一家单人经营的出版社。能在学术圈活下来的，几乎人人都是屡败屡战。"一不怕写，二不怕改"是我的总结，但这只表明了态度和立场。勇气可嘉之余，战场上需要排兵布阵、造箭运粮。因此，战术上必须重视敌人。多读、多写肯定没错，但过于笼统、抽象；真正的问题是，关键的几步怎么跨过去，术同道一样重要。

发表的每个环节都有术。从选题开始，处处都是陷阱。收集材料更是难上加难，有了素材之后，还要组织分析，写作时需要把握行文的节奏。在英文期刊上发表，还必须掌握英文写作。稿件完成之后，需要知道是否成熟到可以投稿，更需要知道投往何刊。评审意见回来之后，需要知道如何修改。需要研究经费的，或者所在大学需要研究项目的，还要学会项目申请。只要没有到最后发表，都还是零。发表完一篇文章、一本书，完成一个项目，新项目依然是挑战。一旦选择了以学术为业，在发表的路上，只能一路走到黑。

读者也许会失望，本章没有讲如何和编辑搞好关系的内容。坦率地讲，我缺乏这方面的"斗争"经验；不过，这种经验缺乏不应当是缺陷，它本身就值得庆幸。为此，我在本章更强调如何提高发表质量，门道应当是相通的。在英文世界里，一样到处都是审查，需要和评审人斗智斗勇，需要向编辑妥协。比如，有英文作家说，编辑永远是对的，但这不意味着言听计从。Engel 发表《灶巢鸟之歌》时，没有听从编辑改掉灶巢鸟的意见，最后成就了名文。而 William Felstiner 说，如果 Austin Sarat 和他合作的关于律师话语的名著①——*Divorce Lawyers and Their Clients*——还有什么可以做得更好的,那就是"标题。我们的书不是讲离婚律师和他们的客户的。这个题目不是我们的,它属于牛津大学出版社,他们当时认为这个题目可以把这本书推销到律师界去!"②但问题是,这本书并没有能够推销到律师界去,留给作者的只是一个令人遗憾的书名!

① Austin Sarat & William Felstiner, *Divorce Lawyers and Their Clients*: *Power and Meaning in the Legal Process*, Oxford: Oxford University Press, 1997.

② Simon Halliday & Patrick Schmidt, *Conducting Law and Society Research*, New York: Cambridge University Press, 2009, p. 197.

不发表,等于零

吃(混)学术饭的,没有人不知道"Publish or Perish",直译是"不发表,就死亡"。李连江教授译成"不发表,就出局"①,强调"发表"在学术界谋生存的重要性。我斗胆提个新译:"不发表,等于零"。这是因为,至少从对社会有所贡献的角度上看,研究需要全部完成才算数。发表了,才是100%;否则,就算工作做了99.99%,最后没有发表,也还是零。不发表和发表,是0和1的差别。一壶水烧到60度、80度、90度,没有烧开就不是开水,不管消耗了多少燃料,或者反复烧了多少次。

问题在于,如何把已经做了30%、50%、70%乃至90%的研究成果发表,或者说在更重要、更有影响力的刊物上发表?博士生们也许对这一点理解不深。读博士,能否毕业不是看发表,而是看论文能否达标。这容易造成一个错觉,就是论文写完就行了,不一定需要发表。论文写完,作者自己当然有收获,但学界是以学术成果来评价的;就算研究做得再好,最终没有发表,也等于零。国内很多大学为了增加研究成果,要求博士生必须在一定级别的刊物上发表一定数量的论文才能毕业,后果是

① 李连江:《不发表 就出局》,中国政法大学出版社2016年版。

拔苗助长，甚至是杀鸡取卵，因为很多研究如果有多一些时间去准备，就会将研究的最佳潜力发挥出来。逼着学生赶在毕业之前发表，不知扼杀了多少好苗子。至少在我任教的大学，没有这个要求。这个议题曾在大学研究委员会讨论，遭到一致否决。不要求发表并不等于发表不重要，只是说允许学生有更多的时间开展研究，这才是最佳的孵卵器。

闲话少提，言归正传。如果开始做研究不难（也有人觉得开始动笔是最难的，容后再谈），那么真正困难的不是开始，而是完成。这时候就不能不提到英文学术期刊（除了美国的法律评论）通行的双向匿名审稿制度。① 稿件达到入门的水平，编辑一般会发给专家评审，要求专家建设性地批评。只要是比较有影响力的期刊，专家评审返回的报告，不管基调是正面还是负面，都有一堆修改意见。除了个别例外，基本上没听说过好的期刊不要求实质修改就直接接受的。众所周知，期刊往上走一级，难度呈几何级数上升。这其实是一个充满挑战、近乎自虐的过程。

每一次收到修改意见，都是忐忑的一刻，因为这时才是炼狱。在我所处的不温不火的学术环境下，请周围的人给初稿提意见，不管是同事、老师，还是亲友、学生，除了少数"诤友"，有的不在其研究领域，有的缺乏洞察力，有的不愿下功夫，有的顾及面子，通常都是隔靴搔痒，效果不明显。而在这些好的期刊的审查报告中，由于评论人不知道作者的身份，至少可以假装不知道，在匿名机制的保护下，可以真实评价同时也刻薄到极致。由于期刊随时准备发表这些文章，直接影响其声誉，所以绝大多数评论十分认真，有的极具创见，更有的让人拍案叫绝：人家怎么看得这么清楚?! 但我想强调的是，许多报告让人"不忍卒读"。我习惯把

---

① 贺欣：《"专家评审制"应当实行——美中法学刊物编辑过程比较研究》，载《中外法学》2004 年第 5 期。

所有的评审报告都留下,偶尔回头翻翻这些报告,提醒自己:行内高手们都在看着呢!

最容易受批评的当然是研究方法和数据材料。在我学术生涯的早期,有一个评审人说:"作者花了两个月的时间进行田野调查,可悲的(pathetic)是提交出这样零星而没有多少原创性的材料。"我有一篇稿件名为《运转不良的法院》,有一位评论人挖苦说:"文章在选题和收集材料上的努力是可嘉的,但文章的组织和结构像它的标题一样'运转不良'。"当然,文稿的方方面面都可能成为攻击的目标。大约十年前,一位评审人质疑我稿件的研究目的:"这篇文章试图完成三个任务,它最成功地完成了第三个。虽然这三个任务都是有价值的,但在这篇文章中,它们的目的相互交叉,使得论证分析呈现出一团浑水和松松垮垮,而不是紧凑而清晰的局面。作者还对……做了猜测,我想这是其第四个暗含的假设。一言以蔽之,这篇文章里面有了太多的假设,而没有进行有效的检验和解读,使得作者只见树木不见森林。"关于文献,另一位评审人写道:"本文的文献述评是如此肤浅,好像是描绘了一幅卡通画。"关于理论对话,一位评论人说:"本文的理论架构很有问题,设定了一个假的研究问题去理解所谓的'意外的发现',它无法帮助理解中国的制度如何运转。而且与美国的比较也是成问题的,太多的干扰因素存在。"关于数据,又有一位评论人说:"这篇文章我读了两遍,但还是没读懂统计数据如何与假设有关。很多论证是证伪假设的,也说服了我,但与提供的数据无关。"

做研究或写文章不容易,"字字看来都是血,十年辛苦不寻常"。面对"可悲""一团浑水""松松垮垮""猜测""卡通""假问题"等评价,我的第一反应通常是反感。他们怎么这样对待我?写得好的地方装着看不见？心里满是委屈。但这个过程没有上诉，没有辩论，没有法律人爱提到的正当程序，作者只能打掉牙往肚里咽。一位好心的编辑在转发这样的文字时，怕我吃不消，还专门写了一封很长的信，安慰说这是学术界的常态。在学术界竞争越来越激烈的今天，有的刊物进行两三轮的邀请修改是家常便饭；有的刊物则在邀请修改的信中写明，这个邀请决定并不保证下一轮的修改稿就能发表，是否再提交请作者自己看着办。当然，有的经过修改仍不行的稿件，主编连外审都不送，直接"枪毙"。

面对这样的评论，有多少人放弃？有多少人转投？不同的刊物自然不同。我曾经负责过一个期刊，让我知道原来在这样一个小刊物，也有超过一半的投稿人即使获得邀请修改，也再没有下文。甚至一位建树斐然的同事说："我根本不敢去投顶级期刊，因为可以想象得到，评审人会怎样挖苦我。"研究刚做完，大家都是信心满满，期待着登上顶级期刊，一夜成名。殊不知，投完第一稿，只是万里长征走了第一步。投稿时信心满满，评审报告返回时垂头丧气。一旦进入恶性循环，几个回合下来，对自信心的打击可想而知。那就不仅是"不发表、等于零"，而真的就是"不发表、就完蛋"了。正如读博士时最可怕的情形是：一个主题刚研究了一段时间，又转向另一个主题；几次往复下来，一晃几年过去了，博士就该肄业。很多人即使跨入学界，也拿不下"天牛"（tenure，指终身教职），或者幸运地拿下，但之后一蹶不振，或者知难而退，事实上退出学术圈，成为高校头疼的冗员。

因此，如何针对这些修改意见拿出实质上更好的修改版，是关键中的关键。我的经验是，在读这些评论前，深吸一口气，告诉自己这个世界没有跨不过去的坎，时间终将改变一切。读完之后，把它放下。两三个星期后拿出来再读，这时它的杀伤力已经降低，或者说自己的免疫力提升。又给自己一段时间消化,慢慢地就可以开始冷静地分析,评审人说的哪些是对的,哪些是有偏见的;哪些是可改的,哪些是不可改的;哪些是必须扔掉的,哪些是需要新加的。只要还有一线希望,就要改下去。我坚信文章是改出来的;我同时坚信,改文章比写文章容易。与其去写新的文章,不如先把旧文章改出来。在新项目和半成品之间,我总是把半成品放在优先的位置。谁能够保证新项目就不会碰到钉子?我相信总有修改的办法。而且,我不是完美主义者,只要改到能够发表就行。如果有什么经验可以分享,那就是"一不怕写,二不怕改"。据说学界有一类人,聪明绝顶,也不是不努力,只是办公桌下压着二十多篇半成品。如果开始撰写文章时比的是创造力,这时候需要的不是任性,而是韧性。

随着时间的流逝,当初让我感到委屈的评论变成良师善意的提醒。材料令人可悲的评论让我意识到,我只是去做田野调查并不够,还要看找到什么材料以及如何使用材料。看到我的一篇文章有四个任务的评论,我后面写的文章永远只有一个任务。意识到我的文献叙述只是"肤浅"后,我每次下笔都会努力将要做的研究与文献中的空隙联系起来。面对材料与论证脱节的评论,我意识到不仅要做好进攻,还要注意防守。对于那些花时间认真审读我的稿件并提出修改意见的同行,我心怀感激。"自虐"成为在学术界成长的最好方式。

今天早上收到邮件,编辑说我的一篇文章马上要排期出版。我一脸惘然,没有半点欣喜。这篇文章从收集数据开始,已经八年,研究助理已经从清纯学生成为副教授,当年接受访谈的人早已不知身在何处。其间被两个刊物拒稿,合作者几乎弃船,在这个刊物也经历了两次邀请修改,一次有条件接受,中间还因为主编的误解要撤稿。在完全接受之后,排期等了也快一年。从 0 变成 1，怎一个难字了得？有诗为证：

> 安身立命，全靠文章。
>
> 字斟句酌，百炼成钢。
>
> 韧性不足，功篑神伤。

做研究真正的困难不是开始，而是完成！

战术上重视敌人

《不发表，等于零》只是说要写、要改，强调毅力、心态和努力等精神层面问题——不管对方的话说得多难听，我自岿然不动；"千磨万击还坚劲，任尔东西南北风"。但文章是如何改出来的？怎么改？这是技术和战术层面的问题。如果在战略上需要藐视敌人，战术上则必须重视敌人。文章进入邀请修改的阶段，已经是曙光在前。就算投到了行业最好的期刊，接受邀请修改文章的机会肯定大大增加。这考验的是临门一脚的功夫。

评审人的意见固然重要，但远不是圣经；没有必要言听计从，更不至于手足无措。了解你的评审人，如何与难缠的评审人周旋，是必须掌握的技艺。借用一句名言：我们不能因为恐惧而谈判，但绝不是恐惧谈判。

如果在谈判桌上，当事人需要了解谈判对手的意图，那么面对评审报告时，我们首先要问："敌人"的来路如何？他的目的是什么？

一、 全盘否定

有一类评论意见，可以称之为全盘否定式，这在邀请修改的意见中并不常见。如果评论人真的说得有道理，文章已经被"枪毙"了，主编不会再邀请修改。但可能在第二轮修改时出现，因为这位评审人可能是新找的，是第一次审读修改后的文章。

对于这类意见，我们能做的，要么是反驳，要么是忽略。完全否定的意见其实没有价值。原因很简单，需要的是修改意见，而不是否定。主编不是请专家来评论作者是不是应当获得晋升，而是如何实现这篇文章的潜力。如果一点潜力都没有，为什么还会邀请修改呢？文章肯定有问题，但解决的办法不是简单的否定，而是在原来的基础上提高。

例如，业余球手的打法、动作、步伐肯定都有无数的问题。高水平的教练，不是劈头盖脸地把球手骂一通，而是在他的基础上提出建设性的修改意见，将其潜力尽量发挥。全盘否定的意见意味着将原来的做法完全忘掉，推倒重来。这种办法可能对刚开始学球的人有效，对于已经将文章写到邀请修改水平的作者，肯定不是一个好办法。

这种全盘否定的意见往往来自不同的视角，或者对研究有某种偏见。反驳意见需要指出这种偏见。这时也需要让主编去辨别文章的价值。如果主编连这点水平也没有，往往导致最为沮丧和恼火的结局——文章在第二轮邀请修改时被拒。

二、 实质贡献

第二种意见来自真正的高手，往往准确地把握文章的弱点，并提出有效的解决办法。我曾多次受益于这些评论。我有一篇文章只盯着美国类似主题的写法，不知不觉地受其影响，聚焦于民众对付拆迁和进行诉讼的策略。一位评审人写道：文章集中于当事人和律师如何推动法治，但材料来源都是法官和官员，为什么不调整视角，集中谈政府内部的变化？对于一篇有关刑事和解的论文，评审人说，有钱减刑这种说法过于肤浅,作者有那么多素材,为什么不去分析不平等的根源?犯罪的风险是否人人平等?在这个问题上,美国的情况也类似,为什么不在中美两者间比较?还有一次,另外一位评审人说,这篇文章的贡献不是史料,因为材料都是"二手"的,作者应当集中于解释机制。

这些意见往往醍醐灌顶,不仅对修改的那些文章有帮助,而且对其他文章也同样有益。能把问题看得那么清楚,肯定是大家。如果能够猜出评论人的身份,我往往会找来他们的作品,仔细研读。

三、　吹毛求疵

大量的评审意见可以算是吹毛求疵,比如,关于方法的问题。在社会科学研究中,很难做到方法没有缺陷,所以方法上的问题最好提。对于来自基层法院的研究,他说中级人民法院不是这样;研究来自沿海地区的,他非得说西部地区不同;研究考察的是简易程序,他非得问普通程序的情况;研究判决结案,他问调解时如何;研究刚拿到判决书时当事人的反应,他非得说三个月过去后,情况就不一样了。研究者也知道三个月后情况不一样,但总要选择一个时间点,而且这个点受很多条件的限制。关于素材有选择偏见的评论更是常见。这类评论没有真正进入作者文章的内部去评论,评论人自己不做研究,站着说话不腰疼,批评别人总是容易的。

这类评论往往是显摆知识面——看,我还知道审判制度有这么多环节!有一位评审人说,政府和法院要求法官释明法律,当事人为什么还是对法院庭审的程序一知半解?为什么当事人提的问题都集中在证据方面,而没有关于法律和分析的问题?没有真正问过当事人的评论人自然不知道,绝大多数当事人根本不知道什么是法律问题,什么是事实问题。

也有评论人说,作者总共访谈了 100 人,为什么只是引用其中 15 个人的意见？这种评论让人哭笑不得。定性研究的根本就是寻找材料的模式,找出"有意思的点",把故事讲好。真正做过实地研究的人都知道,实地找到的材料中,大部分都没有用。真正有价值的、能够说明问题又有创见的,往往只是很小部分。为什么要将所有的访谈材料都用上？都用上了才说明作者没有区分,甚至缺乏讲故事的能力。提出这些问题的评论人,不是以做定量研究为主的,就是对定性研究缺乏经验的。

这类意见大多是无用的。作者需要找到对方的漏洞,也可以调整做法,予以不卑不亢地回应。比如,对于引用人数不够的批评,可能列出所有访谈人的情况,作为附录。其实,这种做法除了浪费篇幅以外,没有实质的论证力量。还有一次,评审人说我和合作者关于劳动监察大队处理的案件都是容易的案件,有选择数据的偏见,因为只有容易的案件才进入这个渠道。这看起来有点道理,但经不起推敲。我们回应道：数据来源是某个地区某个时段所有的案件,是完整的。我们没有进行任何加工或者选择,哪来的选择偏见？

四、 有理、有利、有节

坦率地讲,绝大多数评论人都是善意的,希望文章可以进一步改善,充分发挥初稿的潜力。因此,从作者的角度看,能做的就尽量去做,做不到的也讲明原因。即使不同意评审人的意见,也可以做一些调整,只要不影响学术成果的相对客观性。此时,宁可做得过火,也不可"大意失荆州"。

例如,为了说明非正式纠纷解决机制的有效性,我和合作者主要以美国的例子来说明。评审人认为,美国的例子不相关,所以应当去掉。我最早的修改是,删减了美国故事的浓度,但加入了中国的其他例子。在修改备忘录上,我说:"美国的例子不是不相关,而是不够丰富。所以我这样修改。"后来我的合作者提醒说:既然都修改了,为什么不直接说已经按照他的意见修改了?

又如,一个评审人认为我们的数据分析搞错了,他提出了另外一种方式。经过研究,并请教了数据分析方面的专家之后,我们回应道:原来做法没有错,只是评审人的理解有问题。但我们强调说,他提出的修改方式更精美,所以我们按他提出的方式做了修改。我想,这位评审人看到回应后,还能说什么呢?除非他真是要在"鸡蛋里面挑骨头"。

对于双方都有机会的争论,最好还是避免。有一次,评审人说,这项研究只提出反例,没有对出现反例做出解释。我的回应有点大意:"对于影响深远的规律提了反例,理论贡献已经足够了。"评论人并不买账,他说:"仅仅提出反例的理论贡献还不够,至少对于这个期刊还不够,虽然这篇投稿肯定可以在其他期刊发表。"回想起来,陷入这个争论,不管对错,吃亏的肯定是我。人家就占据有利的位置,他的回应不是完全没有道理。因为一个刊物需要多少理论贡献,标准比较主观。而且,这个决定对他而言微不足道,但对我却很重要。

五、 多照镜子

评审人也是人,处在那个位置,多多少少都要提出一些意见。有些意见也不见得经过深思熟虑。就像工作演讲时,听众必须提问,表明他没有白来,但提出来的问题并不都有价值。对于这样的问题,提问题的人可能更紧张，因为担心问题提得不着边际。同样，作者是真正的研究者，往往比评审人思考得更全面。因此，在回应时需要搞清楚，对方的目的是什么？可以用什么方法去回应？我们自己做评审人时，又会如何要求别人？

如何与拿着放大镜的评审人周旋？

发球与选题

　　我和飞哥的第一场友谊赛总是令人记忆犹新。他站在台角,躬下身,左手抛球时眼睛死盯着,在球即将落到台上的一瞬间,突然转身,将藏在身后的握拍右手一勾,球从他的台端直奔我这边的对角点。说时迟,那时快,不管我是下意识地一搓还是一挡,球不是下网就是出界。

　　乒乓球爱好者都知道,发球至关重要。如果说足球的守门员相当于半支队伍,那么乒乓球员的发球质量可能决定了胜负概率的一半。飞哥曾是校乒乓球队队员,当时还没有现在流行的教练陪练球,只能自学。在上大学的时候,他充分利用图书馆的资源,但"不务正业",看的是刘国梁打球的录影带。他只关注一个环节:刘国梁是怎么发球的。飞哥说,刘国梁用正胶撞击乒乓球,不一定有下旋,但却可以产生下沉的感觉。与通常反胶发出的球相反,正胶撞出来的球又快又沉。当年使用的还是直径 38 毫米的小球,更是有种"让子弹飞"的感觉。当球拍与球摩擦时,球看似很转,其实不转,对手一碰就打高。加上长短和位置的变化,更借助手臂的遮挡,刘国梁的发球变幻莫测,对手常常出界、下网或者回球过高,接下来就被刘国梁占据主动或者一板拍死。多少世界级的高手，发球吃得"饱饱的"，苦不堪言，完全不像是世界大赛水平。

飞哥从中得到启发。他抛球后，抓住球快要落到台上前的一瞬间撞击，甚至可以夸张地说是"砸下去"。这时离球台的时间短，球受到撞击后飞向对方球台的时间更短，大部分对手没有时间反应，通常都会下意识地一搓，结果大部分下网，或者一挡，大部分出界。如今，国际乒联已经不允许任何形式的遮挡，但飞哥青出于蓝的发球技术依然可以派上用场。

在业余选手中，发球的作用更为明显。飞哥这一招在校际比赛中经常出奇制胜，许多对手的基本功远比飞哥好，但都败下阵来。在比赛中吃发球不亚于一场噩梦：基本功根本没有发挥的机会，不仅输了比赛，还很窝火——浑身的力气没处使。

看很多球友打球，好像球技一般，但上场时才发现对方的上旋、下旋，差别很小，以我业余的水准，一般小心为上，以搓球应对，回球有时直飞天花板，根本不需要第三板。发球没接好，其他方面的功夫再强，败局已定。发球都接不住，哪里还有拉球、推挡、侧身的机会？球接不好，明显大势已去。

一、 选题如何"发球"？

选题同发球一样重要，有人甚至说，选题选好相当于成功了一半。为此，试举例说明两者的相同之处。

第一，冲击力强。好的题目能让人耳目一新，甚至过目难忘。就像好的发球一样，突然出击让人猝不及防。相反，平淡无奇的题目，让人一看就打哈欠,提不起兴趣。因此,千万不要小看"标题党"。

第二,好的选题占据主动,占尽先机,限制了对手的发挥。发球是唯一可以完全占据主动的时刻,可以选择球的旋转、速度、落点来攻击对手的弱点。选题也一样,好的题目可以让读者跟着作者设定的调子,自然地进入学术对话的状态。

第三,好的选题往往发挥了自己的特点和优势。飞哥的经验是,正胶球手不仅需要把球撞出下沉的感觉,而且要在球快要落到球台的一刻才触球,产生球像喷射一样的突然性。这些都是最大限度地发挥了正胶或者生胶的特性。同理,选题时要掂量自己的比较优势。审查课题或者博士入学申请的一个常见问题是:申请人做这个题目有什么优势?当年一位历史系的研究生同学,对德语一知半解,却想去美国研究德国史。这是比美国人英文好,德文比德国人好,还是比欧洲人占有更多的史料?结果一无所获,只好回老家教中国革命史。

第四,好的选题需要找到对手的弱点。飞哥的发球绝对不是千篇一律,他要看对手是直拍还是横拍,用的是哪款胶皮。更重要的是,他还要看对手最吃哪个位置的来球。他开局时,会先用落点去探测对手的弱点;对手不擅长或者是不舒服的位置,往往是攻击的目标。换成学术的语言,就是要找到文献的"空隙"。这需要认真去研究文献,不停地去尝试,才能把"空隙"找准。

二、 怎么学?

学术的要求是出新。别人的发球法,学来后还是新的吗?照着别人的题目做,还能写出新意吗?发球发得好的专业球手实在太多了,飞哥为什么选择学习刘国梁？原因很简单，飞哥和刘国梁一样，打的是直板正胶，性能和特点相似。他通过录影带细心观察刘国梁的动作，抓住他撞击球时产生的下沉感。更重要的是，飞哥更进一步缩短球与球台接触的时间，使发球的速度更快，压缩对手反应的时间。他没有重新发明一种新的发球方式，却在刘国梁发球的基础上融入了自己的体会和特点，创出新意。

在选题上，同样可以从前人研究的题目中得到启发；成功的题目已经检验过，后人不必另辟蹊径。自创一种学派当然好，只是恐怕博士四年或者"天牛"五年的时间不够。对初学者而言，保险的方式还是从前辈学者的有关研究出发，看看他们的选题是什么。将类似的题目放到不同的环境中认真琢磨，由此推陈出新。不认真汲取前人的经验就妄谈创造，往往"出师未捷身先死"。

三、斗鸡

成功的例子太多，试举一例——Kathryne Young 写斗鸡。[1]慧眼独具的人类学家 Clifford Geertz 发现斗鸡是个好题目，它简直就是巴厘人的写照，斗鸡过程体现出来的男权、身份、地位、财富、虚荣，就是巴厘社会的缩影。[2] 他通过文化解读，探讨当地人从斗鸡中获得的意义。Kathryne Young 从中得到启发，以夏威夷的斗鸡为题，"旧瓶装新酒"。斗鸡的非法性体现出正式的法律与非正式规则的互动、斗鸡人的法律意识的

---

[1]　Kathryne Young, "Everyone Knows the Game: Legal Consciousness in the Hawaiian Cockfight", 48 *Law & Society Review* 499 (2014).

[2]　Clifford Geertz, "Deep Play: Notes on the Balinese Cockfight", 101 *Daedalus* (1972).

变化、当地文化如何与全球性的文化产生冲突以及当地人如何消解等问题。她的选题和研究方法都和 Geertz 一脉相承,但却融合了合法性、法律多元、法律意识、身份、刑事正义等当代兴起的主题。

　　Kathryne 关于斗鸡的文章,发表后就获得当年法律社会学的最佳论文奖。不管哪个领域的学者,都很难忘记她这个有意思的题目。其实,题目是 Geertz 的,她只是站在了伟人的肩膀上。

选题如发球

十年磨一剑——谈英文写作

我在读博期间听一位华裔前辈说，英文写作要毕业十年后才有点感觉。我当时半信半疑："有那么难吗？"一位中文文章无数、在英文刊物中也偶有斩获的青年才俊说，英文写作是最难跨的坎，听说读写都不容易，但"写"最难。国内有位著名学者，坦陈英文写作是对中国人思维的折磨。

"写"真的那么难吗？有人认为，在英文期刊发文章，不过是英文稍好一点而已，甚至只需要花钱找人润润色。似乎这里面只有翻译的问题。对这种看法，我只能苦笑。作为编辑和审稿人，我经常碰到一些直接从中文翻译过来的投稿。这种稿件其实最不需要花时间，因为对话的对象、提问的方式、行文的逻辑和思路甚至引用的文献，都是中文世界的。有的没有一篇英文引注；有的引用的虽然是英文文献，但居然是中文译本。

母语是英文的人，词汇量大，句法、语法也熟悉很多，肯定要容易些，但也不是天生就写得好。Lawrence Friedman 的文字看起来那么自然、生动、有趣，好像清泉一样汩汩流出。有学者问他："您写作时是不是都不费力？""当然不是！"他说，"读者可以不喜欢我写的内容，但我不想把他们闷着,也不想他们迷糊。"①(想想中文世界有多少专门迷糊人的作品!)读者无法读下去的文章,就像在旷野里嘶嚎一样,没有人能听得见。超级天才可以选择这样做,但我等凡夫俗子没有资格这样做。Friedman深知表达的重要性,即使与人合作时,他也亲自写作。对于别人写的部分,他会改成他那种简洁幽默的文风。他说:"我讨厌法学院,特别是法学院的那种冗长、沉重、充满专业术语、装腔作调的文风!""我一直在努力以求完全清晰。"②原来他也要"一直在努力"!

《华盛顿邮报》的当家人 Katherine Graham 刚开始工作时,也挨过新兵营般的训练!③ 新闻写作可能比学术文章更难,但人文社科研究中的学术英文,是否经过训练一目了然。英文写作是英美大学中的一门课,母语是英文的学生,进入了大学一样要修课学习! 但中国大学里不会有中文课,原因是英文写作有太多技巧! 有那么多相类似却有微妙差别的表达:不同的词语、短语、句式。每一个词都在跳动、在竞争,需要作者不断地衡量、调整和修改。还有文章段落的文气、节奏、重心、修辞,太多要学的地方。就算润色的文字编辑可以提高准确性,但要把词用准,把需要强调的意思表达到位,只有作者自己下功夫。

母亲常说:难者不会,会者不难。我觉得难,也许因为我的英文真的不好。高考时英文在各科中的成绩是最低的;上大学后,费了九牛二虎之力才以 63 分通过英语六级考试。有同学在作文以外能拿满分,我真怀疑他吃了兴奋剂。研究生入学时的英语分班考试成绩贴在逸夫二楼的大厅,经常一块踢球的老师关心地问:"这次英语怎么考得那么糟

① Simon Halliday and Patrick Schmidt, *Conducting Law and Society Research*, New York: Cambridge University Press, 2009, p. 57.

② *Ibid.*

③ Katherine Graham, *Personal History*, New York: Vintage, 2011.

糕?"他不知道我不是那一次考得差,我次次都考得差。也许球我踢得还可以,英文却活在不同的世界里。

在国外留学时,一位学长说:"不用担心。谁都有这样的问题,但都会过了的。本科是英文专业的可能口语好,但写作一样不行。"

我错把学长的安慰当成解药,结果一到交作业,头就大,绞尽脑汁凑够字数。其实想也能想到,大学时公共英语课学的那点英文写作,写个英语六级作文都困难,能好到哪里去? 动不动就是第一点、第二点等;"虽然""但是"一大堆,还生搬硬套地写长句,能够自如运用的单词不超过 1000 个。看完我博士论文第一稿,导师说:我实在跟不上。(It is extremely difficult to follow.)我能够毕业,不知花费了导师多少时间;博士论文稿子上面,导师看过以后的每一页都有无数个修改标记。"无数"自然是夸张,我数了一下,随便找一页就有 200 多个修改标记! 感激之外更是愧疚。像他这样大师级的学者,不仅要读我写的烂文章,还要改英文! 毕业以后搬过无数次家,但不管走到哪里,导师给我改过的博士论文都带在身边。

幸得导师帮忙,博士论文得以过关,但入行后才发现真正的炼狱。十几年前,一位评审人写道:"文章写得不错,特别是经验材料有趣,但英文不行。"这位好心的评审人还专门改了一段做示范。说得容易! 一篇文章 15000 字,怎么改得过来? 更可怕的是,我还是不知道该怎么改,一两段示范修改不是提高英文写作水平的钥匙。

"东一榔头,西一棒子"地写了很多年,我还是懵懵懂懂。有次我和合作者一起修改之前合写的稿子,他说"significantly"这个词肯定是你的,因为你喜欢用这种方式来"使劲",但正确的写法是让材料自己说话。还有一次,合作者说,你的转折太多,正确的写法是不断把中心强化出来。就像音乐,一开始定了调,之后虽然有起承转合,但只是在基调上爬升,这样才有酣畅淋漓的感觉。

关于英文写作的书,也不知道读了多少,但大多不得要领。直到读了 *Elements of Style*① 这本书,似乎让我豁然开朗。我以为,有关写作的书大多掺水,只有这本——是的,只有这本——真金十足。后来才知道它是英文写作的圣经。比如,规则 17 就提到"省掉不必要的词:严格写作的要求是精练。一个句子不需要多余的字,一段话不需要多余的句子,就像机器不需要多余的零件"。有时我对着稿件,竟然可以删掉原文的十分之一! 后来又看了其他一些书,才明白为什么程度副词是写作的大敌。比如,Stephen King 说它们是门前草地里面的蒲公英。"如果不拔掉的话,明天就会有 5 株,后天就会有 50 株……直到自家草坪上全都长满!"②而真正需要的是种类副词。③ 难怪合作者说"significantly"是我的专利。没问题,"我的孩子,我抱回去",此后杜绝程度副词。

如果现在有一点进步,那是因为我在磨炼的过程中吃过无数的苦头。有时盯着自己写的文字,心想:"你们什么时候才开始跳动?"我恨不得把它们重新替换、排位。可是,就像队员水平不行的足球教练,怎么排兵布阵都没有用。也许一点一滴的积累,才是真正的办法。所有关于英文写作速成的课程,肯定都是假的。比如,要提高词汇量,不仅在碰到不会用的词,就要把它记下来,而且还需要经常去用它。再好的作者,都有自己写作的惯性;不尝试不同的写法,怎么可能提高? 但这些道理,说起来容易,往往坚持不了几天,否则可能也不会十年才有点感觉。然而,留心自己的每一点不足,想办法在下一次写作时少犯错误,是进步的关键。写作书里常说,动词最重要。谚语说,"十年磨一剑"里,"磨"是唯

---

① William Strunk & E. B. White, *Elements of Style*, 4th ed. , London: Pearson, 1999.

② Stephen King, *On Writing*, New York: Scribner, 2000, p. 125.

③ Ernest Gowers, *Plain Words*, London: Particular Books, 2014, p. 88.

一的动词。

　　十几年下来,有一次合作者说,你的英文好像好起来了? 真的吗?
我半信半疑。后来有位母语是英文的同事夸赞我写的项目申请书:"每
一句话都言之有物。"对于同事的夸奖,我只能理解为善意和礼貌。在匿
名评审报告上,刚开始多是对语言的批评、挖苦、挑刺,后来慢慢有人评
价这篇文章"beautifully written"。还有一位项目评审人这样写道:"希
望母语是英语的学者,也能这样清晰简练地表达。"

　　大约是五年前,亚洲法律与社会协会请我去给年轻学者讲英文写
作。有没有搞错? 母语是英文的资深教授一大堆,有的本科还是英语文
学专业,讲英文写作能轮得到我? 后来才明白了组织者的用意。正是因
为我的母语不是英语,才更能体会这个过程的艰辛。

　　"十年磨一剑。"我"磨"得很辛苦,而且剑还是钝的,但希望年轻人
花在"磨"上面的时间短一些。

往球门里踢——谈何时下笔

在我还关心中国足球的时候,国家队主教练是来自德国的施拉普纳。队员说在场上不会踢,他的回答是,"往球门里踢"。如何将他的回答应用到做研究上,那就是一定要下笔。原因很简单,不往门里踢,怎么会进球;不开始动笔,怎么会写完?前面有一篇文章讲的是"不发表,等于零",强调的是如何完成,但对于很多研究者而言,困难的是开始动笔。如何开始写,不仅对初学者难,对相对成熟的研究者同样也难。初学者难,是因为不知道写什么。他们常说,每一个题目都已有那么多文献,别人说过的都对,而且说得很好,把我想说的已经说完了,所以没法开始。这个问题不难解决,需要做的只是认真去读文献,找出貌似有理的文献中的不足,或者不同的观点之间的争论,自然就会有话可说。研究生早期的训练针对的就是这个问题。对绝大多数研究者而言,跨越这道坎并不难。

可是对成熟的研究者而言,开始写还是难。做研究难,与其他事情不同,因其根本目的是要创造新知识,要在许多人已经立言之处再立新言,是极限运动。研究者在面对新项目之前,心里往往打鼓发怵,不知道自己是否真的能够把握新项目,这是再正常不过的心理状态。已有的研究只是过去的成绩,并不代表新的研究也有突破。Sally Merry 教授说,所有的新项目都是赌博；只是成熟的研究者更有经验，赌博时的胜率稍微大些。在山洞里往洞口摸索时可能少走一些弯路而已，但也没有肯定能走出山洞的把握。因此，虽然知道大致的方向，但还是不愿意下笔，是很多研究者的心魔。

有人说一定要穷尽已有的相关文献，这听起来好像很有道理。研究要建立在别人的基础上，是老生常谈。连别人的相关研究都还没看，就匆匆开始？但仔细想想，穷尽文献的说法其实过于理想化。一言以蔽之，这种说法常见于不实际做研究的人写的方法教科书。原因有二：第一点，相关文献之多是不好穷尽的。什么是"相关"？"相关"本来是一个程度形容词；有的联系十分紧密，有的只是大致有关。标准稍微松一点，文献的数量就差了好几倍或者十几倍，甚至几十倍。看还是不看？看到什么程度？是泛读还是精读？而且在准备做研究的过程中，新的研究不断发表，在信息爆炸的今天，能不能追上新的研究都是个问题，还能穷尽已有的研究？什么时候算是够？

第二点更为关键，那就是写时的思考与读时的思考不同。对于大多数人来说，读文献时的思考是虚的；很多时候以为想通了，一觉醒来，不过是南柯一梦，一切推倒重来。于是又开始新一轮的阅读。周而复始，何时算完？只有落到纸面才是实的。当然，今天写的东西，明天发现全是垃圾的情况也常常发生。但无论如何，当文章写出来时，论证的过程相对严格一些；一旦落实到纸面上，下一步就由写变成改了。这就回到原来说过的，改总是要比重新写容易一些。这就是进展。同时，写的时候，有的相关文献可能变得不那么相关了，而真正相关的问题可能会变得清晰起来，此时再回过头去仔细阅读。这也就解决了前面提到的文献是要精读还是泛读的问题。

因此，对研究领域的文献有了大致的了解，当进一步阅读后边际信息量开始明显下降时,就应当动笔。明显的标志就是在阅读时发现明确的对话对象,或者找到可以切入的争论。文献浩如烟海,不可能篇篇都有启发,能够刺痛你的常常只是一两篇;紧紧地咬着它们,往往可以撕开缺口。这就是为什么林毓生教授说要咬住文献。

如果说论文的本质是要提出新的东西,那么,当相比于已有的文献已经大概有新发现时,就应当开始写。相关文献,只是在与新的知识点比较时才会有意义。在下笔之前,已有的研究可能很吓人,因为研究者在心理上和技术上都还不知道如何超越。而一旦开始下笔,已有的研究就会变得清晰;有的研究可能变得不重要,所以也就不必再去精读。这正如下围棋,落子之后才知道是臭棋。有的朋友喜欢这时还多看一点,把周围的情况了解得更清楚时再下笔。这更多是个人偏好,难以置评。就我而言,早下笔会减少浪费的时间。退一万步说,即使在动笔后才发现有没有阅读过的文献,再去研读也不迟;把它们融入正在写的稿子里,是研究的应有之义:所谓研究(research),就是重复(re)寻找(search)。

下笔并不意味着肯定成功,但只有在动笔的时候,才会发现能不能真的写下去。有的思路,似可行但实不可行;落实到纸面上,才发现没有太多的价值。这时候放弃也好,变化也好,搁置也好,都是比不下笔而不停地阅读文献更好的选择,至少不会在没有实质进展的项目上耽误。写并不意味着只是把想清楚的内容叙述出来,更是研究的真正开始:新的难题不断产生,不同的坎需要跨越。应对这个过程中的挑战,研究者没有统一的模式,也不应当轻易放弃。波斯纳法官的经验是,写不下去的时候,就必须换一个思路;而换思路也不行的时候,那就可能需要先搁置。时机未成时,适当地退出或者迂回,杀个回马枪也许是更有效的办法。不过下笔可以使可行性变得清晰。

足球皇帝贝肯鲍尔说,防守固然重要,但要同进攻结合起来。如果队员训练不足，或者没有做好防守时就大肆进攻，防线漏洞百出，肯定铩羽而归。但如果只知道训练和防守而不去进攻，或者强调在防守完美无缺之后才去进攻，往往会贻误战机，错失进球的机会。如何适当地分配防守与进攻的兵力，特别是如何在做好适当的防守之后，抓住战机进攻，是奠定胜局的关键。何时下笔，正如足球场上把握进攻的时机一样；足球场上只做防守，还可能不输，但迟迟不下笔，在学术战场上必败无疑。

何时下笔正如何时进攻一样

盘带还是传球？——谈行文的节奏

带球是足球的基本功；把球停好，并把球控制住，是对球员基本的要求。球粘在脚上，是对球员技术的赞美。球到脚下，对手自然来抢；你可以盘带，也可以传给队友。在盘带时，球员需要不停地触球；但不是为触球而触球，而是为了调整身体的平衡和朝向，为下面的动作做准备。更为重要的是，要利用好这个时间，观察周围的战况，利用眼神和假动作，吸引对方兵力，以寻找声东击西的妙传机会。要成功地完成这两个目标，触球的时候就不能太重，随时轻灵转身，否则招式反复使用，就成了对手的死目标。

但是，盘带过多会带来两个问题：首先是容易丢球。足球不是篮球，两只脚无法对球有绝对的控制。遭到对手围攻的时候，丢球的机会很大。更大的问题是贻误战机。长时间把球控制在自己的脚下，容易陷在盘带之中，视野限于三米之内，只顾着不被对手抢掉，哪里还看得见最佳的传球点？技术好的球员，带球也有精彩的地方，但足球终究不是表演艺术，胜负的标准是比分；无法进球，再漂亮的表演也是白搭。对于盘带多久，在什么时候把球传出去，球员必须掌握好分寸和时机。

写文章也面临同样的问题。作者在写每一章、每一节时都会面对以下问题：到底停留多久？投入多少精力？会不会深陷进去？在什么时机转移到下一个议题？转换到带球，那就是什么时候将球传出去，转移到另外的战役。说到底，这关乎写作的节奏。

规则一：盘带必须为全局服务。按英美论文的写作要求，一篇文章只能有一个主题，而且这个主题必须用一句话来概括。文章中的每一章、每一节甚至每句话，都必须为这个主题服务，任何多余的动作都必须去除。为了盘带而盘带，会把比赛的根本目的忘掉。在 1994 年美国世界杯上，哥伦比亚队的队长，人称"金毛狮王"的瓦尔德拉马在中场长时间带球，行动同龟步。他显然有厉害的地方，一是技术特别好，二是身体强壮，很容易把对手挤开，怎么带球就是不丢，而且可以吸引对手兵力。通常情况下，传球精准是他制胜的秘诀；但在世界杯决赛阶段，对手强大，而且防守用心，他根本没有妙传的机会。最终，全场看着他从中场带到侧翼，又返回中场，有时不明不白地丢球。在他的盘带表演中，哥伦比亚队首轮出局。

因此，时时刻刻都要问的是：这一段在全局中起什么作用？需要言简意赅还是旁征博引？需要一笔带过还是详尽分析？

规则二：在球场的不同位置，盘带的目的不同。在中场，其目的是为了调整队形，控制节奏，制造假象，寻找最佳的进攻点，也可能在战术上做调整。比如，从左边拉到右边，或从防守转入进攻，这时盘带可以多一些，即使有花哨的动作也无伤大雅。但在前场，双方的争夺日趋白热化，大有迅雷不及掩耳，千钧一发之势。这时候的盘带就是要突破。最激动人心的是马拉多纳式的连冲带撞进球。在这个地带，不以突破为目的的盘带肯定是失败的。在 2002 年日韩世界杯上，巴西队替补上场的得尼尔森在禁区边上表演了盘球技术，好看是好看，但肯定不会被主教练赞赏。他不仅送给对方破坏的机会，而且让防守队形变形，前场的盘带基本上都是臭球。

转换到写作,每个学科、每种文体、不同的期刊对文章的详略和节奏稍有不同。一般来讲,理论探讨的部分需要开门见山、一语中的,而材料叙述的部分则需要密不透风、翔实透彻。在材料部分,只要不是完全重复,甚至需要从不同的角度来描写。例如,Foucault 从不同的侧面、不同的场合及不同的角度来描写行刑。① Darwin 研究物种进化,也找了各种各样的动物,详细地叙述其在不同的环境下进化的差别。② Geertz 研究斗鸡,描写斗鸡的进行过程用了文章十分之一的篇幅。如何绑斗鸡脚上的刀片? 什么样的刀片? 什么时间绑? 谁来绑? 刀片如何保管? 获胜后的报酬是什么?③ "深描" 成了 Geertz 所开创的文化解释学派的代名词。Engel 写《灶巢鸟之歌》时,将本地人与外地人之间的观念差别以及前因后果进行细致的描述。④ 他不仅将材料分得很细,而且讲究前后呼应,各部分服务的目的很清楚。这篇文章共分十个小节,完全打破常规。

比节奏更为重要的是讨论的方向。就像盘带一样,中场妙传往往一举定乾坤。我记得有一次,有位评论人(我猜这位评论人是行内一等一的高手)指出,我们的文章不仅分析得不够深入,而且方向不够准确,贱卖了丰富的材料。换成足球,就是传球的方向错了:本应该迅速进攻却中场倒脚,本应当从侧翼进攻却向中间冒进。原因主要有两个:技术水平不够和没有紧扣文章的主旨。

如果说足球中的盘带还是正常的动作的话,在乒乓球中就只允许过

---

① 　Michel Foucault, *Discipline and Punish*, London: Penguin Books, 1977, part 1.

② 　Charles Darwin, *The Origin of Species by Means of Natural Selection*, *or the Preservation of Favoured Races in the Struggle for Life*, 6th ed., London: John Murray, 1872.

③ 　Clifford Geertz, "Deep Play", in *The Interpretation of Cultures*, New York: Basic Books, pp. 421-425.

④ 　David Engel, "The Oven Bird's Song: Insiders, Outsiders, and Personal Injuries in an American Community", 18 *Law & Society Review* 551 (1984).

渡。由于乒乓球主要以进攻为主，这决定搓球的边缘和过渡的位置。职业运动员常说：三板之内必须开始进攻；不会反手拉，侧身也必须上。国家队，至少在中国国家队，已经没有削球手的位置。足球也是如此，中场球员一停、一拨、一传是标准的打法，想想彭伟国①当年在球场上的飒爽英姿。同理，如果文章文气连贯，一气呵成，读起来就会比较过瘾。无关大局的盘带，只会造就一场沉闷的比赛。

　　有一次我去台湾地区开会，与会人员有美国来的大牌学者，会议举办方十分热情。会后请了专门的讲解员，带着这些大牌学者去参观当地的妈祖庙。讲解员对每一个建筑，甚至是牌坊上的每一处花饰和朝向，都进行十分细致的讲解。其他的随行成员无不抱怨。一位同事说，法学教授需要了解那么细致吗？讲解员所说的一切，我现在早就还给他了。不是我不专心，讲解员详略不当，是否也应当承担责任？

行文如带球

---

① 彭伟国，广东籍，1992—1999 年是中国国家足球队中场队员。

稿投何刊？

给英文期刊投稿与给中文期刊投稿是两个世界。我所在的硕士项目叫 J. S. M. ，培训的主要目的是法学交叉学科的研究，时长 9 个月。其中最关键的要求是在两位导师的指导下完成一篇硕士论文。前三个月的训练尤其紧张，大概每半个月都会与导师见面，讨论论文的选题、材料、文献和进展；后几个月完成论文。完成这篇硕士论文花费我很多心血，有的同学甚至认为比博士论文还难。把硕士论文投出去是我的第一次投稿。

读者也许知道，美国绝大部分法学期刊都是由法学院的学生主持，而且允许一稿多投，当时主题是比较法或者外国法的期刊大概有几十种。硕士项目结束后的暑假，我就联系十几个期刊把整篇硕士论文通过电子邮件投出去。不出意外，大约一个月之后，所有的期刊都回信拒稿。有的写得还很客气，说是本期已经排满，期待下期再投等。后来我才知道，这些学生编的期刊每年做决定的人都不完全一样，本年几期编完，大多数编委会成员已经毕业离校，下一年编委会肯定重组，谁还真的期待你再投！

舔舐伤口，为什么失败？硕士论文是学位论文，而不是期刊论文，两者可以很相似，但也有重要差别。硕士论文必定包括详细的材料、方法甚至不必要的文献讨论。此外,学位论文往往包括许多章节,枝蔓过多,主题也不够明确,这使得学位论文对于大多数期刊而言,并不合适。而且,我在硕士论文上虽然下了很多功夫,但毕竟是首次用英文写作,不仅语言上,在论文质量上肯定还没入门。投稿时虽有初生牛犊的闯劲,但失败早已注定。

其中,有两个教训值得引起重视。第一个教训是投稿不能无的放矢。虽然美国的法律评论允许一稿多投,但多投命中的机会很小。而且,正由于允许一稿多投,每个期刊都会收到成百上千份稿件。学生编辑们一旦找够该期要出的文章,就不再接受新稿。从作者的角度来看,给这些期刊投稿有点像找工作,没有搞清楚雇主的需求,就寄出几百封求职信。这种投稿方式的效果大多不明显。当然,法学院的有些同事还是喜欢向上百个可以一稿多投的美国法律评论"轰炸"一遍,如果有期刊接受,就拾级而上,要求更好的期刊快速审稿。可是这个方法对其他学科的研究者并不可行,因为绝大多数期刊都不会接受一稿多投,投稿机制完全不一样。我也不喜欢这个模式,因为这个过程几乎无法控制。自认为很好的文章,可能没有期刊接受;有的文章接受了,也不知道为什么。而专家评审期刊也不会有本期已满、来年再见的问题,这也就是为什么我更多转向专家评审期刊的原因之一。要投专家评审期刊,关键则是找到对论文的旨趣主题匹配的期刊。与之相关的第二个教训是未成熟的论文不要急于投稿。负面的结果对建立学术自信不一定有好处,但有的人不怕挫折,迎难而上,有的人可能在几次投稿失败后失去信心。

难点在于,如果稿件要写到一定程度才可以投出去,那么一定程度是指什么程度?很多人的研究刚做完时,信心爆棚,都是先投大刊。当大刊不接受时,再拾级而下。我不赞同这么做,原因是这里面投机的成分太大。大刊之所以成为大刊,往往期待重要的理论突破,或者将主流理论和经验能够(相对地)完美结合。如果手里的文章完全不具备这些条件,径直往枪口上送,有什么好处?说到底,是抱着碰运气的心态去试投大刊,或者是对该期刊的理解不够。

伤痕累累,略表一遭。我和合作者曾从上海的法院网站收集原始数据,来检测法律与社会科学中一个十分重要的理论命题。数据的样本虽然远不完美,但在当时的条件下,也还算可以自圆其说。合作者认为稿件讨论的是社会平等的大问题,而且基于原始数据,样本量也够大,大刊接受的机会比较大。半年之后,却收到拒信。其中最主要的意见是,既然讨论的是法律与社会科学的问题,为什么不投给《法律与社会评论》(*Law & Society Review*)?另外一个评审报告则从主流社会学的角度出发,提了一些大得无法修改的意见,如讨论更普遍的政治、法律制度与社会平等的问题,进一步扩大数据的样本,甚至去重新收集数据。

拒稿的结果并不意外,意外的是回来的评审意见几乎毫无用处。我们不需要评审人提醒,也知道这篇稿子可以而且应当投给《法律与社会评论》。其他意见对修改文章也没有帮助,如果按照另外一份评审报告修改,难度不亚于另起炉灶。转了一圈,徒费时间而已。这次经历表明,盲目去试投大刊,其实效果并不好。这些大刊的评审人,出发点和要求自然非常高,如果来稿与该刊定位并不匹配,审查稿件也是浪费他们的时间,这时他们拒稿不会客气,不仅决定可能武断,关键是评审意见对修改文章不一定有用。如果投稿的期刊都不对,碰上两三次拒稿,对作者的心态会产生负面的影响。此外,大刊的投稿量巨大,处理稿件的时间一般都很长,动辄一年半载。这对于在毕业前后就需要发表文章以便找工作的博士生,或者对于"天牛"钟声滴答逼人的助理教授而言,可能都是致命的。

因此,必须认真地做研究,找到与稿件匹配的期刊。要明确将要投稿的目标期刊的传统、取向、偏向、定位、读者、长度等情况。例如,目标期刊之前发过什么样的文章? 你是不是常读它的文章? 是不是处在类似的学术传统中? 主要讨论什么问题? 引用哪些方面的文献? 对理论研究的偏好更多还是对经验研究的偏好更多? 我曾经负责的一个小期刊经常会收到文献、内容、定位、潜在的读者都与期刊格格不入的投稿。面对英文读者的期刊怎么会接受完全以中文思维写成的文章? 我在为其他期刊审稿时,发现有的稿件的基调是描述性的,却投到理论研究的期刊;有的基调是比较的,却投到地区研究的期刊;还有的甚至标题和摘要的语法、用词都有问题。这说明投稿者没有做好功课。为了快出成绩,有些刚入行的研究者甚至冒险往匿名评审的期刊进行一稿多投,这样一旦被发现,得不偿失。究其原因,还是对期刊了解不够,心里没底。关键点在于,要投到能够有邀请修改机会的期刊。在这个范围之内,可以想办法在期刊的级别往上挪一点点,或者对偏爱的期刊予以一些倾斜。这时要用到吴贵亨教授的 65 分法则:稿件投出去,如果评审人和主编打个 65 分,邀请修改是最好的结果;65 分,比及格多一些,避免了被"枪毙"。而在修改时,把一篇 65 分的稿件提升到 80 分甚至 85 分,难度还不是很大,却刚好达到了发表的要求。如果第一轮就拿到 75 分或者 80 分,主编和评审人可能期待你提高到 90 分。根据边际效应递减的原理,难度与前者不可同日而语。如果第一轮就拿了 85 分或者 90 分甚至直接接受了,你很可能"贱卖"(undersell)了稿件——也许应当投给高一级的期刊。

由此可见,投稿似乎是个经验活。对于特定的刊物,稿件刚好能打 65 分不是绝大多数初学者能把握的,稿件达到什么程度可以往大刊上投也不好衡量。如何把 55 分或者 60 分的稿件提升到 65 分,更是要命的地方。一个解决的办法是找导师或者行家咨询。二十多年前在医学院读博士的室友说:投什么刊物,最考导师的水平。我当时懵懵懂懂,今天才发现所言不差。对行内学科研究发展了如指掌的导师,对刊物等级和偏好的嗅觉自然精准,碰巧有这样的导师当然是万幸。然而,文科博士生和导师的工作关系没有那么紧密,导师对学生的文章的去向也不会盯得那么紧。当没有这样的导师时,就应当想办法去咨询行内的专家。我当时写完硕士论文后,曾忐忑地问一位导师是否达到了发表的水平。他当时的回答是,排除英文的问题,可以发表。很可惜当时没有进一步追问,可以在什么期刊发表,之后也没有找行家再问问,就直愣愣地往前冲。如果多做一点功课,不知会少走几多弯路?

抓住项目评审人的瞳孔

小人书上说,珠宝商在和顾客讨价还价时,会仔细观察顾客的瞳孔是否在扩张。我一直没有搞明白,瞳孔能有那么大的差别。后来申请项目,屡战屡败,猛然品出其中含义。

项目申请其实是一场比赛,由主办方请行内专家评审。评价中的一部分是打分,另一部分是文字评论;决定一经做出,通常不给申请人上诉的机会。不论是香港优配基金还是内地的社科基金,都要处理成千上万份申请,因此只能依赖"数目字"来管理,打分肯定是最重要的环节。如果几个专家(通常是 3—6 个专家)打的分都很低,这个申请基本上就出局了。虽然专家评定组讨论时可能会逆转结果,但这种情况毕竟是少数。此外,项目申请与发表作品不同,它的读者就是这几个专家。其实,很难保证每一个评审人都是这个领域的真正专家;主办机构可能没找到,或者找到了,但人家不愿意评审。因此,不能期待评审人都对申请的主题了如指掌。最后,这些专家花在每项申请上面的时间大都不会超过30 分钟。这些决定对于他们来说,小得不能再小,可能天天都要碰到。但对于申请人来说,却是一年半载的努力,搞不好还影响生存或者晋升。

那么,如何在这短短的 30 分钟内,使得评审人大笔一挥,把经费批给你,而不是给隔壁的同事?

规则一:凸显问题的重要性。由于评审人审读的时间有限,所以申请人需要在最短的时间内,用最通俗、简练的语言阐释问题的重要性。因此,第一段,特别是开篇的几句话,尤其重要。强调重要性的方法很多,一个简单的办法是列出数据。比如,每年有多少家庭涉及家暴? 有多少人死于强制拆迁? 有多少访民? 有多少部监视摄像头? 刑事和解占检察院、法院案件的百分比是多少? 几组数字下来,问题的重要性一目了然。评审人一拿起你的申请书,就马上被吸引住,"You cannot put it down"是衡量的标准。申请书吸引评审人的目光,就像珠宝吸引顾客的眼睛一样。只要评审人拿起报告,就不能让他再放下。

规则二:阐明了问题的重要性,评审人还会关心什么? 从珠宝交易来说,靓丽的珠宝吸引了顾客的瞳孔,下一步需要让顾客确信,珠宝不仅外观夺目,而且货真价实。珠宝是现货,但项目是期货。申请人拍着胸脯说将来会产生什么样的成果,但评审人如何相信你? 很多申请人都写道:将会发表在知名出版社出版的专著,或者在重点期刊刊发的文章,然后写出计划表。这些都过于表面化,评审人凭什么相信你开出的不是"空头支票"? 解决的办法就是把项目申请书写得更为具体。要看得见,摸得着,甚至"呼之欲出"。我曾经看到过一位学术大家的申请书,他准备到一家图书馆找中国的县志,涉及两千多个县;在研究报告里,他附上某县志中的一页作为样本,上面就是他需要的内容。申请书详细、具体到这个程度,评审人还有什么话说?

要写得那么具体,不可能光靠想象,显然申请人对申请的题目早有研究;否则,申请人怎么知道哪家图书馆有这样的县志? 有多少本县志? 县志可以提供什么内容? 这些内容可以用来做什么研究? 其他人的研究已经做到什么程度? 换言之,初步的研究让申请人熟悉文献,并对文献的漏洞了然于心。这时研究问题才能找准方向,也就能将"规则一"的重要性阐释到位。评审人看了之后,也会心中有底,自然增加信心。

同理,事先有所研究,方法才能够写得具体可信。对于研究过程中会遇到的障碍,申请人可以事先做好防守。比如,做经验研究的申请人能否获得素材? 申请人有没有接受过这方面的训练? 一直做规范研究的申请人,突然做定量研究,如何消除评审人的疑虑? 有没有定量合作者? 合作者之间有没有合作的基础?

项目申请最容易掉入的陷阱是申请人过于雄心勃勃。有的研究横跨几个国家的一段历史时期,甚至上下五十年,纵横十万里。有的研究不仅要做理论探讨,还要做经验访谈。然而,范围一旦扩大,自然无法深入细谈。项目申请需要聚集火力,而不是扩大范围,到处扫射;只提出一些模糊抽象、语焉不详、似是而非的大方向,是项目申请的大忌。

另一个消除评审人的疑虑的办法是申请人的历史记录。项目申请毕竟是期货,写得再具体,还是有无法交货的可能。诚然,有的项目写得天花乱坠,但成果却货不对板,甚至最终烂尾收场。但如果申请人在这个领域成果累累,占据研究前沿,而新题目又与原来的研究相关,就会让人放心许多。其实,最安全的做法是沿着已经耕耘过的领域继续做下去。申请人当然可以开拓新的领域,但新的研究不一定适合在申请项目中提出。由于申请人对这个领域有很好的把握,项目完全失败,浪费经费的可能性会降低。

这就要求申请人平常发表论文时注重质量。在学术圈中,声誉重于泰山,搞坏声誉形同自杀。自己都不满意的东西,宁可不发表;层次太低的期刊,不投也罢;小圈子一起编的书,不出也罢。在三流刊物上发三篇文章,同行的印象已经定格在那些刊物上;相反,与声誉至上的珠宝商交易,还有必要担心货物的质量?

项目申请作为一项赛制公平与否,仁者见仁,智者见智。有太多批评这种方式的理由。有人说本专业不需要经费;有人说本专业界定不清,专家打分不一致;有人说只有经验研究才能成功;有人说对某个地区以外的研究存在偏见;有人说评审人不公平;有人说整个过程如同买彩票;更有人说,要求科研人员写项目,干涉了学术自由。只要拿不到项目,不是不公平就是不必要。

这些说法都是借口。在我的老东家,有同事从入职起二十多年来,没有一次申请失败过。虽然理工科项目申请的成功率要稍大些,在人文社科领域,也有人连续申请项目成功。人文的、香港地区以外的研究也有很多人成功。彩票说更可以休矣! 是不是真的需要经费暂且不说,项目是经过同行评审的,至少在一定的程度上能够展示出学者在同行中是否受到尊敬。经费虽然不是研究的必要条件,但至少可以促进研究。

其实,申请项目比发大文章容易多了。如果学校三番五次强调,这是"天牛"和晋升的重要依据,为什么不去做呢? 即使某些研究真的不需要研究经费,但学校的拨款依赖于项目,为什么就不能做点贡献呢? 当然,评价学者的成就,根本上还是发表。但为什么就不能花点心思做项目呢? 如果几年下来,一个项目都拿不到,他可能真的需要改变一下思考的方式!

缅怀梅丽老师（代后记）

中国有一句警句：任何哀悼都是做给活着的人看的。如果这篇小文留下这样的印象，我深感歉意。我没有这个意思。我不是梅丽教授的入室弟子，因此也不是总结她学术成就的合适人选。况且她的研究覆盖纠纷解决、调解、法律意识、文化霸权、人权、空间治理术、量化陷阱等领域，更是我力所不逮。我只是想借此表达，或许，没有其他学者像她那样，对我产生这么大的影响。

第一次见到梅丽老师的名字，是大约 30 年前，当时我还是一名本科生。在北京大学法律系的图书室，我读到苏力老师发表在《中外法学》上的《法律规避与法律多元》①一文。这篇文章多次引用了梅丽老师于 1988 年发表的论文《法律多元》②。"法律多元"的概念一下让我怔住了：当时我国法律与社会的纷繁复杂的关系，似乎迎刃而解。当时，我国正处于法治建设的开端，许多法律只停留在纸面上，许多人不以法律为然、规避法律，许多人质疑法治的可能性。毕竟，这是一片人治了几千年的土地。法治与人治的争论余音尤在（遗憾的是，这场争议今天好像也还没有结束）。"法律多元"这一概念及相关理论引发了我对外地工商

---

① 苏力：《法律规避与法律多元》，载《中外法学》1993 年第 6 期。
② Sally Merry, "Legal Pluralism", 22 *Law & Society Review* 869-896 (1988).

户同北京当地人合谋并克服限制外地人进入北京市场的歧视性法规障碍的关注。这就是我的硕士论文。这篇小文后来扩展成博士论文。当梅丽老师发表《法律多元》的文章时，她也许从没想到，她会影响一位中国的年轻人。事实上，她的思想像水一样——无形、柔软却极具渗透力。如果说我成为学者就是因为她的文章，那显然是夸张。但公平地说，她的文章点燃了我在学术上的兴趣，最终引导我成为一名法律社会学者。

2005 年，我到纽约大学法学院做访问学者，终于有机会见到她。我旁听她主持的一门研讨课。在第一次课上，她按常规让所有的参与人留下名字。而在第二次课，当我进入教室时，她问我是不是刚在 *Law & Society Review* 发表了论文。我当时很惊讶，表情肯定略显难堪。她马上笑着说："难道你要为发表文章而感到抱歉吗?" 她接着问我发表的论文的题目，并鼓励其他同学也将自己的研究发表。

在我访学期间，梅丽老师从来没有拒绝我提出帮助的要求。作为访问学者，我无法像正常学生那样注册和登录课件。每当收到我要求登录她课程的电邮，她总是第一时间亲自回复。事实上，她还两次接受了我的邀请，评论我的论文，一篇是关于珠三角地区的外嫁女，另一篇是关于华南地区的劳工抗争。她总是给出细致的意见;但她从不开足火力批评。她经常强调，我描述的中国故事与她在新英格兰小镇上观察到的"垃圾"案件有相似性。也许，她只是不想让我感到难堪。

无需赘言，一位学者的影响，与她在评论年轻学者的论文时是否尽力批判无关。真正重要的，是她的思想。当我与吴贵亨作法院的话语分析时，我们立即发现她在《诉讼的话语》里提到的三种话语——法律话语、道德话语、疗伤话语——极具启发意义 。① 它们迫使我们思考我国

---

① Sally Merry, *Getting Justice and Getting Even*, Chicago, University of Chicago Press, 1990, pp. 110-133.

法官在处理类似案件时的话语的特征，而这就是我们文章的来源。

　　这其实只是另一波激励的开始。我越读梅丽老师关于性别暴力的著作①，越想探讨我国的状况。当我国在采用针对家庭暴力的国际标准时，实施状况如何？法官如何应对这些法律？为什么我国按国际统一的人权标准而通过的立法，居然无法穿透自己的法院？法官、律师、当事人如何看待家庭暴力？所有这些问题都帮我厘清思路。可以毫不夸张地说，梅丽的影响遍及我离婚法著作的每一页。在我新近的关于家暴人身保护令的项目中，她的影响只会更大。

　　无法进入实地是许多田野工作者共同面临的苦恼。但并不是每一位田野工作者都对此开诚布公。许多人类学领域的学者可能会认为，不适宜公开在方法上的挣扎，开诚布公可能会带来不必要的质疑，会面临同事严苛的审查并给晋升带来威胁，同时担心自己的研究因此而不够严肃、不够重要、不够科学。然而，梅丽老师这样陈述自己的经历②：

　　　　很多时候人们拒绝我，不理睬我。在这个项目上(指《诉讼的话语》)，我曾经有一个冰点。我想登上警车，看他们如何处理纠纷。我到了波士顿剑桥镇的警察局，该镇有两个社区，一个以白人的工人阶层为主，另一个以黑人为主。我问警察是不是可以坐上他们的车。当时我怀着8个月的身孕，而他们以不屑的眼神看着我，让我滚蛋。当时是11月，雨夹着雪，充满屈辱。当时真是糟糕透顶。

---

① 　Sally Merry, *Human Rights and Gender Violence*, Chicago, University of Chicago Press, 2006.

② 　Simon Halliday and Patrick Schmidt eds, *Conducting Law and Society Research: Reflections on Methods and Practices*, New York, Cambridge University Press, 2009, p. 134.

当读到这段的时候，我心有戚戚，沮丧顿减。她的话成了我最好的安慰剂。我意识到，不是我一个人无法进入实地。本来，当我被拒绝的时候，总是以为是自己犯了错或者是体制的原因。当然，在不同的社会制度下，进入田野时会遇到不同的问题。但关键是，正如梅丽老师所说，我们必须去尝试。最终，她进入了调解中心和法院，并且能够与当事人交谈。几乎采取同样的办法，我也接触到了我想要研究的对象。众所周知，做法律社会学的研究是一件"烂活"，但我很幸运，因为有梅丽老师这样愿意坦率分享自身经验和提供指引的前辈。

当我在纽约大学的访问即将结束时，我约见了梅丽老师，向她请教研究及学术生涯的建议。在我们30分钟的会见进行到25分钟时，她的手机响了，是她的女儿。看起来她在见完我之后，准备一起和女儿去做些什么。她在电话中对女儿说："我正在开会，15分钟后打给你"。她特意强调了15。显然，她不想让我感到不安，而延迟了她与女儿的会面。

在我们会面的最后，她告诉我，需要明了自己所有研究后面的根本问题。我想她的意思是，一名学者心中要有一生追求的中心问题并且立意高远。这是一个巨大的挑战，因为法律社会学的研究多数是在微观的层面上关注个案。① 做具体的个案研究可能并不难，但很难将它们统帅在一个核心问题下面。今天，我仍然在这个问题上挣扎。但我相信她给了我重要的忠告。

2015年6月，我问她是否可以做我的博士生论文答辩委员会成员，她婉拒了。这是她唯一一次拒绝我的请求。她告诉我，整个夏天她都会忙于校对她的新书，而且8月份的大部分时间会去实地调查，离开电脑。

---

① Lawrence M. Friedman, "The Law and Society Movement", *38 Stanford Law Review* 763-780 (1986).

我怀疑她从来没有停止过工作。英年早逝的南非大亨罗德在病榻上留下名言：要做的太多，成就的太少。梅丽老师总有许多事要做，尽管她成就斐然。

在新冠病毒大流行之下，我估计去年夏天梅丽老师没有再去实地调查。我希望她能够稍事休息。我希望能够在疫情大流行之后到纽约去拜见她。我希望能告诉她，认识她是我一生的荣幸而且受益终身。我再次重申，梅丽老师不是我正式的导师，但她是我学识和智识发展的灯塔。向她学习，改变了我的世界观，塑造了我的研究议程。自从1993年——我本科三年级，在北京大学逸夫二楼西南角的图书室——了解"法律多元"之后，我再也不会以同样的目光来看这个世界。

补记：

过去的一两年可能是我生命中最难忘的一段：香港——我生活过最长时间和热爱的城市——发生了天翻地覆的变化。新冠疫情给人类社会以及国际关系带来前所未见的冲击。曾以为远在天边的、影响历史的大事件，频繁地扑面而来，又匆匆地擦肩而过。卑微的个体在宏大的历史面前，孤独、焦虑、彷徨、无奈……迄今为止，我已经困在小岛上一年多，而且通关仍然遥遥无期。

这本小书是在这段时间完成的。也正是在这段时间，梅丽老师巨星西殒。难以置信之余，也迫使我思考学术和生命的意义。回忆起与她交往的点点滴滴，往事并不如烟。我只想说，感恩生命中的每一次遇见。

贺 欣

2021年春于香港薄扶林

图书在版编目(CIP)数据

街头的研究者:法律与社会科学笔记/贺欣著. —北京:北京大学出版社,
2021.5

ISBN 978 – 7 – 301 – 31620 – 7

Ⅰ.①街…　Ⅱ.①贺…　Ⅲ.①法律社会学—交叉科学—通俗读物
Ⅳ.①D902 – 49

中国版本图书馆 CIP 数据核字(2020)第 176767 号

书　　　名	街头的研究者:法律与社会科学笔记	
	JIETOU DE YANJIUZHE:FALÜ YU SHEHUI KEXUE BIJI	
著作责任者	贺　欣　著	
责 任 编 辑	毕苗苗　孙嘉阳	
标 准 书 号	ISBN 978 – 7 – 301 – 31620 – 7	
出 版 发 行	北京大学出版社	
地　　　址	北京市海淀区成府路 205 号　100871	
网　　　址	http://www.pup.cn	
电 子 信 箱	law@pup.cn	
新 浪 微 博	@北京大学出版社　@北大出版社法律图书	
电　　　话	邮购部 010 – 62752015　发行部 010 – 62750672	
	编辑部 010 – 62752027	
印 　刷 　者	大厂回族自治县彩虹印刷有限公司	
经 　销 　者	新华书店	
	965 毫米×1300 毫米　16 开本　18.5 印张　222 千字	
	2021 年 5 月第 1 版　2021 年 11 月第 2 次印刷	
定　　　价	58.00 元	